西方著名植物分类学家

马玉心　崔大练
马家惠　王露萍　主编

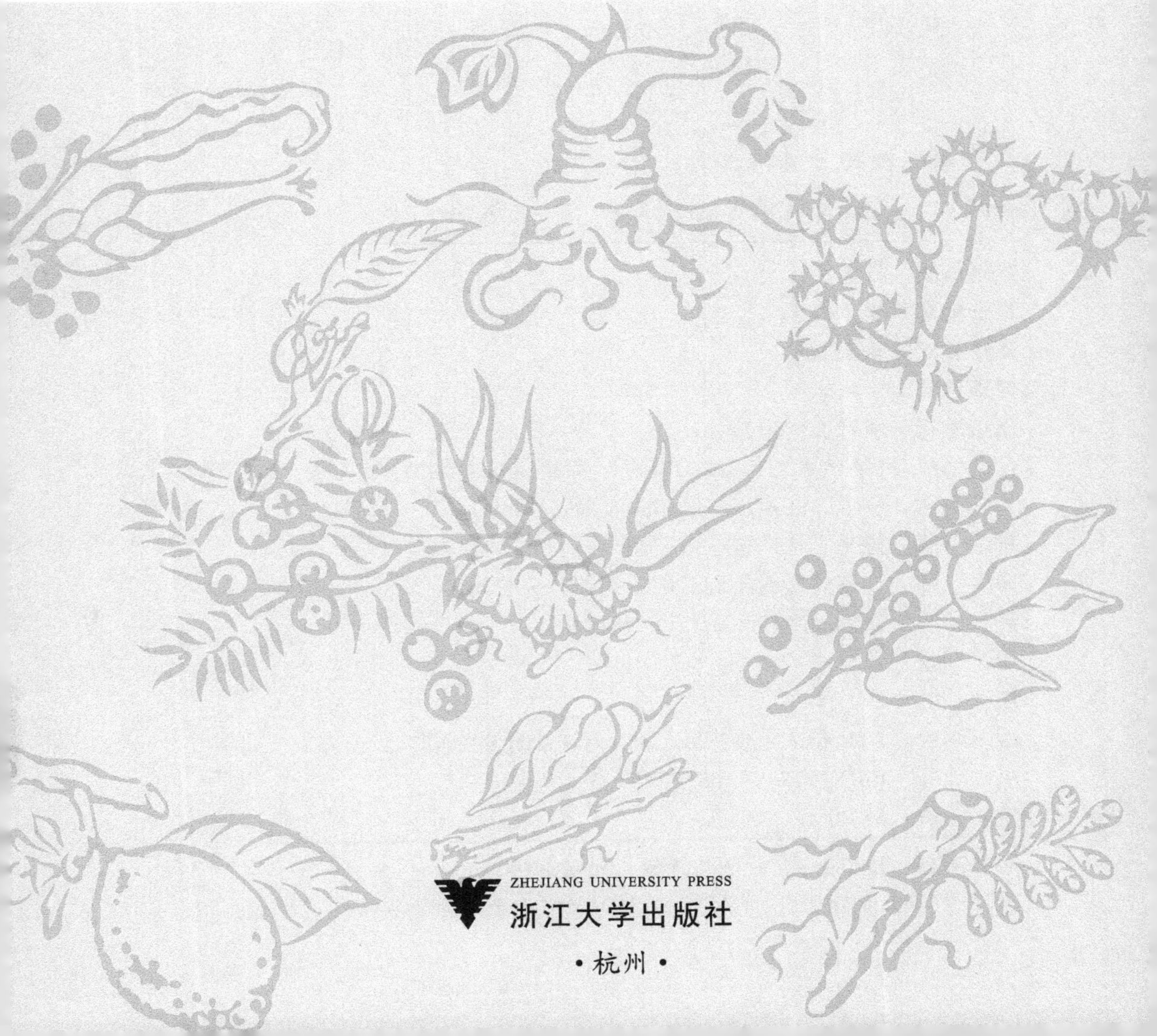

ZHEJIANG UNIVERSITY PRESS
浙江大学出版社
·杭州·

图书在版编目(CIP)数据

西方著名植物分类学家 / 马玉心等主编. -- 杭州：浙江大学出版社，2024.7
ISBN 978-7-308-23453-5

Ⅰ.①西… Ⅱ.①马… Ⅲ.①植物分类学—科学家—生平事迹—西方国家 Ⅳ.①K815.615

中国版本图书馆CIP数据核字(2022)第252060号

西方著名植物分类学家

马玉心　崔大练　马家惠　王露萍　主编

策划编辑	许艺涛
责任编辑	季　峥
责任校对	蔡晓欢
封面设计	十木米
出版发行	浙江大学出版社
	(杭州市天目山路148号　邮政编码310007)
	(网址：http://www.zjupress.com)
排　版	杭州晨特广告有限公司
印　刷	广东虎彩云印刷有限公司绍兴分公司
开　本	710mm×1000mm　1/16
印　张	15
字　数	294千
版 印 次	2024年7月第1版　2024年7月第1次印刷
书　号	ISBN 978-7-308-23453-5
定　价	68.00元

版权所有　侵权必究　印装差错　负责调换

浙江大学出版社市场运营中心联系方式：0571-88925591；http://zjdxcbs.tmall.com

前 言

植物学是生命科学的基础学科之一,越来越受到人们的重视。植物分类学又是植物学体系中的重要分支之一。由于植物分类学学习要求较高且相对枯燥,以及目前学界对分类学科不够重视,植物分类学的研究梯队出现断档,青黄不接。所以植物学界的领军人物都在呼吁,要重视植物分类学的教学,要重视植物分类学科研梯队人才的培养。

我国植物分类学的研究历史悠久,可以追溯到1578年李时珍编写巨著《本草纲目》时,可以说比西方早了200年。但是西方的植物分类学在18世纪以后得到了迅猛的发展,其成果远远超过中国,并涌现出了许多著名的植物分类学家。虽然中华人民共和国成立后,我国的植物分类学研究受到了一定的重视,但是远远落后于西方。若要振兴中国的植物分类学,则必须研究国外该学科的发展历程。林奈所处的时代可以说是西方植物分类学发展的巅峰时代。当时正值文艺复兴时期,百家争鸣,科研风气盛极一时,同时出现了很多划时代的植物分类学家,如拉马克等。只有搞清一个学科的科学史,才能真正认识到该学科在整个知识体系中的地位。基于此,本书列出了18—19世纪百余名植物分类学家的生平事迹。可以说,他们的研究历程就是植物分类学的发展历程。这样一本厘清西方植物分类学家的著作,就是一部系统的植物分类学发展史。有趣的是,许多西方植物分类学家是互相关联的。例如,桑伯格是林奈的大弟子;林奈与班克斯也比较熟悉;桑伯格与马森是好朋友。

此外,我们希望本书对青少年有一定的启迪意义。一方面,许多西方的植物分类学家往往是"植物猎人"。他们不仅在西方采集,而且采集了中国大量的珍稀植物资源。比如中国的茶就是通过福琼传到西方的;中国的猕猴桃经过"植物猎人"的攫取,现在已经成为新西兰等国家的重要水果,中国的猕猴桃反而"黯然失色";著名的植物学家威尔逊先后5次来中国采集,大量的名贵树种、花卉因此被带到西方;东印度公司通过"贸易"的形式对各国植物进行掠夺式采集。青少年可以通过阅读本书了解祖国物产丰富，但正是因为过去我们的植物分类学研究相对落后，才让外国学者有机可乘，从中国采集了大量的资源。另一方面，青少年可以通过阅读名人传记，了解科学家们勤奋、努力、刻苦的精神，激励自己好好学习、奋发向上。

目前有关西方植物分类学家的资料都比较零散，且在国内未见到系统描述植物分类学家的传记。鉴于此，为了保证内容的准确与真实，本书编写时参阅了不少资料，如《中国植物志·第一卷》等书籍、百度百科等网络上的内容（引用的内容均经过认真考证），以及一些外文资料。一般传记往往只写人生经历，但是植物分类学家的传记不应只是记录其成长过程，还应当反映其研究成果，所以本书的编写内容包括个人照片、生平概览、命名物种、为纪念该植物学家而命名的物种、主要学术著作等。另外，为了使读者有更全面的了解，还采用二维码链接的形式立体化呈现每位植物分类学家的植物分类学研究历程（包括植物的野外采集历史）、家庭状况、荣誉称号等内容。

本书的编写历时2年。崔大练老师主要负责文稿校对、图片收集、资料整理工作，很是辛苦，在此表示感谢。

我是一名普通的植物分类学教师，师从赵毓棠老师，如果说我在分类学方面取得了一点点成绩，也应当归功于老师的栽培。谨以本书献给已故先师赵毓棠。

由于编写时间仓促，作者水平有限，书中难免存在错误和不足之处，请读者指正，万分感激，我们将力求做得更好。

马玉心
2024年1月8日

目　录

一、阿道夫–泰奥多尔·布龙尼亚 ……………1
二、阿德里安·勒内·弗朗谢 ………………3
三、阿尔布雷希特·威廉·罗特 ……………5
四、亚历山大·卡尔·海因里希·布劳恩 ……7
五、亚历山大·乔治·冯·邦格 ……………9
六、阿尔弗雷德·巴顿·伦德尔 ……………11
七、阿尔弗雷德·雷德尔 ……………………13
八、阿尔弗雷德·拉塞尔·华莱士 …………15
九、安德烈·米肖 ……………………………18
一〇、安德烈·切萨尔皮诺 …………………20
十一、谭卫道（阿尔芒·戴维）……………21
十二、阿瑟·约翰·克朗奎斯特 ……………23
十三、阿萨·格雷 ……………………………25
十四、奥古斯特·格里泽巴赫 ………………28
十五、奥古斯特·巴奇 ………………………30
十六、奥古斯丁·彼拉姆斯·德堪多 ………32
十七、韩尔礼（奥古斯丁·亨利）…………34
十八、本杰明·史密斯·巴顿 ………………36
十九、卡尔·普雷斯尔 ………………………38
二〇、卡尔·丹尼尔·弗里德里希·迈斯纳 …40
二一、卡尔·恩斯特·奥托·孔茨 …………42
二二、卡尔·海因里希·舒尔茨 ……………45
二三、卡尔·约翰·马克西莫维奇 …………47
二四、卡尔·路德维希·韦尔登诺 …………49
二五、卡尔·彼得·桑伯格 …………………51
二六、卡尔·冯·林奈 ………………………53

二七、卡尔·威廉·冯·内格利 ……………56
二八、锡德里克·埃罗尔·卡尔 ……………58
二九、查尔斯·爱德华·哈伯德 ……………60
三〇、查尔斯·埃德温·贝西 ………………62
三一、查尔斯·罗伯特·达尔文 ……………64
三二、查尔斯·斯普拉格·萨金特 …………68
三三、克里斯蒂安·亨德里克·佩尔松 ……71
三四、克里斯蒂安·戈特弗里德·丹尼尔·
　　　尼斯·冯·埃森贝克 …………………73
三五、克里斯蒂安·霍勒斯·贝内迪克特·
　　　阿尔弗雷德·莫昆–坦登 ……………75
三六、康斯坦丁·塞缪尔·拉菲内克 ………77
三七、约翰·亨利·埃德雷德·科纳 ………80
三八、戴维·唐 ………………………………83
三九、戴维·道格拉斯 ………………………84
四〇、戴维·格兰迪森·费尔柴尔德 ………86
四一、迪特里希·布兰迪斯 …………………88
四二、爱德华·奥古斯特·冯·雷格尔 ……90
四三、爱德华·哈克尔 ………………………92
四四、埃德默·德鲁·梅里尔 ………………94
四五、欧内斯特·亨利·威尔逊 ……………96
四六、恩斯特·戈特利布·冯·斯托伊德尔 …98
四七、亨利·弗莱彻·汉斯 …………………100
四八、弗朗西斯·布坎南–汉密尔顿 ………102
四九、弗朗西斯·金登–沃德 ………………104
五〇、弗朗西斯·马森 ………………………106

五一、弗雷德里克·爱德华·克莱门茨 …… 108	七八、约瑟夫·帕克斯顿 …………… 168
五二、弗里德里希·安东·威廉·米克尔 …… 110	七九、约瑟夫·皮顿·德·图内福尔 …… 170
五三、弗里德里希·威廉·海因里希·亚历山大·	八〇、卡尔·路德维希·冯·布卢姆 …… 172
冯·洪堡 …………………………… 112	八一、库尔特·波利卡普·约阿希姆·
五四、加斯帕德·鲍欣 ………………… 115	施普伦格尔 ……………………… 174
五五、乔治·边沁 ……………………… 117	八二、玛丽安娜·诺斯 ………………… 176
五六、乔治·福里斯特 ………………… 119	八三、梅里韦瑟·刘易斯 ……………… 178
五七、乔治·莱德亚德·斯特宾斯 …… 121	八四、纳撒尼尔·巴格肖·沃德 ……… 180
五八、布丰（乔治-路易·勒克莱尔）…… 123	八五、尼古拉·米哈伊洛维奇·普热瓦尔斯基 …… 182
五九、格里戈里·尼古拉耶维奇·波塔宁 …… 125	八六、奥洛夫·斯沃茨 ………………… 184
六〇、海因里希·古斯塔夫·阿道夫·恩格勒 …… 127	八七、奥托·沃伯格 …………………… 186
六一、韩马迪（海因里希·拉斐尔·爱德华·	八八、赖神甫（佩尔·让·马里·德拉韦）…… 188
冯·汉德尔-马泽蒂）…………… 131	八九、彼得·西蒙·帕拉斯 …………… 190
六二、海因里希·威廉·肖特 ………… 134	九〇、菲利普·米勒 …………………… 192
六三、艾萨克·贝利·鲍尔弗 ………… 136	九一、菲利普·弗朗茨·冯·西博尔德 …… 194
六四、雅各布·惠特曼·贝利 ………… 138	九二、皮埃尔·约瑟夫·雷杜德 ……… 196
六五、詹姆斯·赛克斯·甘布尔 ……… 140	九三、理查德·安东尼·索尔兹伯里 …… 198
六六、让·巴普蒂斯特·安托尼·皮埃尔·德·	九四、理查德·斯普鲁斯 ……………… 200
莫内·德·拉马克 ……………… 142	九五、罗伯特·布朗 …………………… 202
六七、约翰·海因里希·弗里德里希·林克 …… 145	九六、罗伯特·福尔杰·索恩 ………… 204
六八、约翰内斯·欧根纽斯·比洛·瓦明 …… 147	九七、罗伯特·福琼 …………………… 206
六九、约翰·巴特拉姆 ………………… 149	九八、罗伯特·斯威特 ………………… 208
七〇、约翰·贝伦登·克尔 …………… 151	九九、鲁道夫·雅各布·卡梅拉留斯 …… 210
七一、约翰·吉尔伯特·贝克 ………… 153	一〇〇、约瑟夫·班克斯 ……………… 211
七二、约翰·哈钦松 …………………… 155	一〇一、托马斯·纳托尔 ……………… 213
七三、约翰·林德利 …………………… 158	一〇二、弗拉基米尔·列昂季耶维奇·
七四、约翰·雷 ………………………… 160	科马罗夫 ……………………… 215
七五、约瑟夫·道尔顿·胡克 ………… 162	一〇三、威廉·博廷·赫姆斯利 ……… 217
七六、约瑟夫·德·朱西厄 …………… 165	一〇四、威廉·罗克斯伯勒 …………… 219
七七、约瑟夫·弗朗西斯·查尔斯·洛克 …… 166	一〇五、威廉·威瑟林 ………………… 221

参考文献 ……………………………………………………………………………………… 223
　附录1：植物分类学文献参考网站 ……………………………………………………… 225
　附录2：世界著名植物园简介 …………………………………………………………… 230

一、阿道夫−泰奥多尔·布龙尼亚

阿道夫−泰奥多尔·布龙尼亚 Adolphe-Théodore Brongniart（1801年1月14日—1876年2月18日）是法国植物学家。

● 生平概览

布龙尼亚在灭绝植物与现有植物之间的关系方面的开创性工作为他赢得了"古植物学之父"的头衔。他在植物学方面的主要工作是研究植物化石。他为鼠李科专家。1851年，他当选为瑞典皇家科学院的外国会员。

该植物学家的名字标准缩写为Brongn.。

● 命名物种

命名世界物种共计834种。主要发表于以下刊物：(1)*Voyage Autour du Monde, Execute par Ordre du Roi, sur la Corvette de Sa Majeste La Coquille*；(2)*Bulletin de la Société Botanique de France*；(3)*Annales des Sciences Naturelles*。

命名中国物种：线叶池杉 *Taxodium ascendens* 'Xianyechisha'、水蕨 *Ceratopteris thalictroides*、池杉 *Taxodium ascendens*、锥叶池杉 *Taxodium ascendens* 'Zhuiyechisha'、羽叶池杉 *Taxodium ascendens* 'Yuyechisha'、淡竹叶 *Lophatherum gracile* 等。

● **纪念物种**

黄玉莲 Sedum adolphii 的种加词是根据他的名字命名的。Andropogon brongniartii、Arcypteris brongniartii 等33个物种的种加词是根据他的名字命名的。

属 brongniartia 及兰科杂交属 ×Brongniartara 均以其名字命名，以表示纪念。

● **主要著作**

（1）《植物化石史》（1822）；（2）《种子植物胚胎的产生和发育》（1823）；（3）《巴黎自然历史博物馆种子植物名录》（1843）；（4）《新喀里多尼亚植物志》（1843）。

提要：他主要研究灭绝生物与现代生物之间的关系，代表作为《植物化石史》，并获得"古植物学之父"称号。他最重要的贡献在于对古松柏纲及封印木树状结构的详细描述。他认为某些欧洲植物区系在历史上曾经是热带区系。此外，他在植物胚胎学方面也做出了重要贡献。他在代表作《种子植物胚胎的产生和发育》中首次阐明了花粉管及花粉管进入胚珠、珠孔这一观点。他的植物分类学著作有《新喀里多尼亚植物志》《巴黎自然历史博物馆种子植物名录》，后者是法国栽培植物研究史上的一个里程碑。

生平事迹

二、阿德里安·勒内·弗朗谢

阿德里安·勒内·弗朗谢 Adrien René Franchet（1834年4月21日—1900年2月15日）是法国植物学家、动物学家。

● **生平概览**

弗朗谢是第一位到我国青藏高原边缘山区采集的植物学家、第一位系统探索远东地区的西方植物学家。他到中国传教十余年，进行了三次考察，收集了大量的动植物标本。他对法国植物学家谭卫道、赖神甫等在中国采集到的标本进行了详细的描述和分类。他是许多植物分类学著作的作者，其著作介绍了樱草属和杜鹃花属的许多物种。以下属是以他的名字命名的：*Franchetella*（伞形科异茎木属异名）、*Sinofranchetia*（串果藤属）、*Franchetia*（茜草科一个属）。

该植物学家的名字标准缩写为 Franch.。

● **命名物种**

命名世界物种共计2465种。主要发表于以下刊物：（1）*Journal de Botanique*；（2）*Plantae Delavayanae*；（3）*Mission Scientifique de Cap Horn*；（4）*Enumeratio Plantarum in Japonia Sponte Crescentium*。

命名中国物种：象头花 *Arisaema franchetianum*、芒尖 *Phlomis franchetiana* var. *aristata*、串果藤 *Sinofranchetia chinensis*、薄叶 *Phlomis franchetiana* var. *leptophylla*、闽槐 *Sophora franchetiana*、东川风毛菊 *Saussurea dimorphaea*、蓟状风毛菊

Saussurea carduiformis、疏花水柏枝 *Myricaria laxiflora*、西湾子翠雀 *Delphinium siwanense*、戴维槭 *Acer davidii*、匍根早熟禾 *Poa radula*、蒙古风毛菊 *Saussurea mongolica*、蛇头荠属 *Dipoma*、半脊荠属 *Hemilophia* 等。

● 纪念物种

以 *franchetii* 为种加词命名的物种有 83 种。以 *franchetiana* 为种加词命名的物种有 48 种。以 *franchetianum* 为种加词命名的物种有 12 种。以 *franchetianus* 为种加词命名的物种有 7 种。

赖神甫在 Notes Botaniques Sapotacées 上设立了属 Franchetella 以表示纪念。

亨利·欧内斯特·拜隆（Henry Ernest Baillon）在 Bulletin Mensuel de la Société Linnéenne de Paris 上设立了属 Franchetia 以表示纪念。

● 主要著作

（1）Plantae Davidianae；（2）Memoirs of the National Academy of Sciences；（3）Essay on the Geographical Distribution of Phanerogams Found in the Department of Loir-et-Cher；（4）Enumeratio Plantarum in Japonia: Sponte Crescentium Hucusque Rite Cognitarum；（5）Plantae Delavayanae: Plants from China Collected in Yunnan by Father Delavay；（6）Contributions Involving Flora of the French Congo, Family Gramineae；（7）Bulletin de La Societe des Naturalistes de Cherb。

提要：他从1878年开始潜心研究中国植物，共描述中国植物约5000种，其中新种1000个，新属20个。他主要在中国云南采集、考察。他认为中国西南地区是杜鹃花、百合、报春、梨、悬钩子、葡萄、忍冬、槭属植物分布的中心。

生平事迹

三、阿尔布雷希特·威廉·罗特

阿尔布雷希特·威廉·罗特 Albrecht Wilhelm Roth(1757年1月6日—1834年10月16日)是德国植物学家和医生。

● 生平概览

1757年,罗特出生于德国德特林根。他因有影响力的科学出版物而被人们铭记,特别是在植物学领域。他在植物学研究方面的成果和著作引起了约翰·沃尔夫冈·冯·歌德(Johann Wolfgang von Goethe)的注意。他推荐罗特成为耶拿大学植物研究所的一员。他最著名的著作是《德国梅特曼植物志》(Tentamen Florae Germanica)和《东印度洋新植物种类》(Novae Plantarum Species Praesertim Indiae Orientalis)。此外,他发表新物种800余种。

该植物学家的名字标准缩写为Roth。

● 命名物种

命名世界物种共计882种。主要发表于以下刊物:(1)Novae Plantarum Species praesertim Indiae Orientalis;(2)Enumeratio Plantarum Phaenogamarum in Germania Sponte Nascentium;(3)Catalecta Botanica;(4)Annalen der Botanick。

命名中国植物种:纽子花 Vallaris solanacea、拂子茅 Calamagrostis epigeios、叶被木 Streblus taxoides、云实 Caesalpinia decapetala、万年青 Rohdea japonica 等。

5

命名中国植物属：蓝花参属 *Wahlenbergia*、万年青属 *Rohdea*、蹄盖蕨属 *Athyrium* 等。

● 纪念物种

约翰·史瑞伯（Johann Schreber）在 *Genera Plantarum Eorumque Characteres Naturales Secundum Numerum，Figuram，Situm et Proportionem Omnium Fructificationis Partium* 上设立了豆科植物属 *Rothia* 以表示纪念。

Acacia rothii、*Acacia rothii*、*Aetheilema rothii* 等56个物种均是为纪念他而命名的。

● 主要著作

（1）*Anweisung für Anfänger Pflanzen zum Nutzen und Vergnügen zu sammeln und nach dem Linneischen System zu bestimmen*（1778）；（2）*Eyträge zur Botanik*（1782—1783）；（3）*Tentamen Florae Germanicae*（1788—1800）；（4）*Catalecta Botanica*（1797—1806）；（5）*Anweisung Pflanzen zum Nutzen und Vergnügen zu Sammlen und Nach dem Linneischen Systeme zu Bestimmen*（1803）；（6）*Novae Plantarum Species Praesertim Indiae Orientalis*（1821）；（7）*Enumeratio Plantarum Phaenogamarum in Germania Sponte Nascentium*（1827）；（8）*Manuale Botanicum*（1830）。

生平事迹

四、亚历山大·卡尔·海因里希·布劳恩

亚历山大·卡尔·海因里希·布劳恩Alexander Carl Heinrich Braun（1805年5月10日—1877年3月29日）是德国植物学家。

生平概览

布劳恩的研究大多集中于植物形态学领域。他成名较早，于1830年当选为德国科学院院士。该植物学家的名字标准缩写为A. Braun。

命名物种

命名世界物种共计358种。主要发表于以下刊物：（1）*Oesterreichische Botanische Zeitschrift*；（2）*Botanische Jahrbücher für Systematik, Pflanzengeschichte und Pflanzengeographie*；（3）*Appendix Plantarum Novrum et minus Cognitarum Quea in Horto Region Botanico Berolinensi Colunt*；（4）*Flora Oder Allgemeine Botanische Zeitung*。

命名中国物种：石胡荽 *Centipeda minima*、珍珠梅 *Sorbaria sorbifolia* 等。

纪念物种

属 *Braunea* 及 *Brauneria* 是为纪念他设立的。

以 *braunii* 为种加词命名的物种有72个。以 *brauniana* 为种加词命名的物种有22个。以 *braunianum* 为种加词命名的物种有5个。以 *braunianus* 为种加词命名的物种有4个。

● 主要著作

(1)*Untersuchung über die Ordnung der Schuppen an den Tannenzapfen*(1831);(2)*Nachträgliche Mitteilungen über die Gattungen Marsilia und Pilularia*(1842);(3)*Betrachtungen über die Erscheinung der Verjüngung in der Natur,Insbesondere in der Lebens-und Bildungsgeschichte der Pflanze*(1851);(4)*Über die Richtungsverhältnisse der Saftströme in den Zellen der Characeen*(1852);(5)*Das Individuum der Pflanze in seinem Verhältnis zur Spezies Etc.*(1853);(6)*Über den Schiefen Verlauf der Holzfaser und die Dadurch Bedingte Drehung der Stämme*(1854);(7)*Über Einige Neue und Weniger Bekannte Krankheiten der Pflanzen,Welche durch Pilze Erzeugt Werden*(1854);(8)*Das Individuum der Species in seinem Verhältnis zur Pflanze*(1854);(9)*Algarum Unicellularium Genera Nova et Minus Cognita*(1855);(10)*Über Chytridium,eine Gattung Einzelliger Schmarotzergewächse auf Algen und Infusorien*(1856);(11)*Über Parthenogenesis bei Pflanzen*(1857);(12)*Über Polyembryonie und Keimung von Caelebogyne*(1860);(13)*Index Seminum Horti Botanici Berolinensis:Appendix Plantarum Novrum et Minus Cognitarum quea in Horto Region Botanico Berolinensi Coluntur*(1861);(14)*Über die Bedeutung der Morphologie*(1862);(15)*Zwei Deutsche Isoetesarten*(1862);(16)*Über Isoetes*(1863);(17)*Beitrag zur Kenntnis der Gattung Selaginella*(1865);(18)*Die Characeen Afrikas*(1967);(19)*Conspectus Systematicus Characearum Europaearum*(1867);(20)*Neuere Untersuchungen über die Gattungen Marsilia und Pilularia*(1867);(21)*Über die Bedeutung der Entwicklung in der Naturgeschichte*(1872)。

提要:布劳恩是自然哲学学派的首席植物学家。他提出细胞是生命的基本单位,并指出细胞结构与功能的统一性。他关于植物形态学的研究较著名。他对达尔文进化论持批评态度,主张生物内部存在调节力而非依靠外部。他首次提出"叶序周",并试图阐明其几何规则。

生平事迹

五、亚历山大·乔治·冯·邦格

亚历山大·乔治·冯·邦格 Alexander Georg von Bunge（1803年9月24日—1890年7月18日）是俄国植物学家、探险家和动物学家。

● 生平概览

邦格最著名的事迹是进入亚洲，特别是前往西伯利亚进行科学考察。其代表作为《在中国北部采集的植物名录》。他命名了近2000种新植物。他不但是植物学家，也是探险家和动物学家。

该植物学家的名字标准缩写为Bunge。

● 命名物种

命名世界物种共计1981种。分别发表在以下刊物：（1）*Enumeratio Plantarum Quas in China Boreali Collegit*；（2）*Die Gattung Acantholimon Boiss*；（3）*Gattung Acantholimon Boiss, Die*；（4）*Trudy Imperatorskago S.-Peterburgskago Botaniceskago Sada*；（5）*Flora Orientalis sive Enumeratio Plantarum in Oriente a Graecia et Aegypto ad Indiae*；（6）*Mémoires présentés a L'Académie Impériale des Sciences de Saint-Pétersbourg par Divers Savans et lus dans ses assemblées*；（7）*Alphabetische und Synonymische Aufzahlung der in der Jahren 1840 bis 1846 in den Europäischen Gärten Eingeführten Gewächse Nebst Angabe Ihres Autors*。

著名的白皮松是邦格在北京发现并命名的。

● 纪念物种

以 *bungei* 为种加词的物种有 102 种。以 *bungeana* 为种加词的物种有 60 种。以 *bungeanus* 为种加词的物种有 9 种。以 *bungeanum* 为种加词的物种有 12 种。

卡尔·安东·冯·迈尔（Carl Anton von Meyer）在 *Verzeichniss der Pflanzen* 上设立了属 *Bungea* 以表示纪念。

● 主要著作

（1）*Flora Altaica*；（2）*Plantarum Mongolica-Chinensium decas Fine*；（3）*Alexandri Lehmann Reliquiae Botanicae*；（4）*Beitrag zur kenntniss der flor Russlands und der steppen Central-Asiens*；（5）*Plantas Abichianas in itineribus per Caucasum Regionesque Transcaucasicas Collectas*；（6）*Generis Astragali Species Gerontogeae*；（7）*Labiatae Persicae*；（8）*Enumeratio Plantarum, quas in China Boreali Collegit*。

提要：他于 1826 年对阿尔泰山脉进行了科学考察，著有《阿尔泰植物志》。他于 1830—1831 年对中国进行考察，并采集了大量标本，发表《在中国北部采集的植物名录》。

生平事迹

六、阿尔弗雷德·巴顿·伦德尔

阿尔弗雷德·巴顿·伦德尔 Alfred Barton Rendle（1865年1月19日—1938年1月11日）是英国植物学家。

● 生平概览

伦德尔的《有花植物分类学》是植物分类学的经典著作之一。其代表作还有《牙买加植物志》。他在中国植物的研究方面也做出了突出的贡献。他对《国际植物命名法规》进行了修订。他是著名杂志《植物学杂志》《热带非洲植物志》编辑，还担任《大英百科全书》编辑。他的植物保护思想是"保护乡土植物群"。他命名的物种有900余种。

该植物学家的名字标准缩写为 Rendle。

● 命名物种

命名世界物种共计943种。主要发表于以下刊物：(1)*Journal of Botany, British and Foreign*；(2)*Journal of the Linnean Society*；(3)*Flora of Jamaica Containing Descriptions of the Flowering Plants Known from the Island*；(4)*List of British Seed-Plants and Ferns*；(5)*Catalogue of the Plants Collected by Mr. & Mrs. P. A. Talbot in the Oban District South Nigeria*；(6)*Catalogue of the African Plants Collected by Dr. F. Welwitsch*。

命名中国物种：短穗竹 *Brachystachyum densiflorum* 等多数禾本科植物由他命名。

● 纪念物种

艾米利奥·基奥文达(Emilio Ghiovenda)在 *Annali di Botanica* 上设立了属 *Rendlia*。

以 *rendlei* 为种加词命名的物种有20个。*Celtis rendleana* 物种是对其纪念。

● 主要著作

(1)《牙买加丽斑兰属植物名录》;(2)《牙买加植物志》;(3)《有花植物分类学》;(4)《非洲植物名录》;(5)《收集的植物目录》;(6)《茨藻属植物系统重述》;(7)《已故英格兰和爱尔兰植物学家的生物地理学索引》;(8)《穿过巴塔哥尼亚心脏地带》。

提要:伦德尔最初对植物学的研究是描述威尔维茨博士收集的安哥拉植物,主要包括单子叶植物及裸子植物。他一直研究中国植物,特别是禾本科植物与旋花科植物。他是植物分类学中科论的鼻祖。他是植物保护的先驱,首次提出要保护乡土植物。他编写的《有花植物分类学》是学习植物分类学必须参考的著作。他的《牙买加植物志》是一部岛屿植物研究巨著。

生平事迹

七、阿尔弗雷德·雷德尔

阿尔弗雷德·雷德尔 Alfred Rehder（1863年9月4日—1949年6月25日）是美国植物分类学家、树木学家、园艺学家。

● **生平概览**

雷德尔出生于德国，后归化为美国公民。他被认为是"树木学之父"。他的代表作《北美种植乔木和灌木手册》被称为"树木学圣经"。他创建了第一个温室恒温系统。雷德尔是《阿诺德树木园》杂志的创办人，并被美国和欧洲的许多树木学会、园艺学会、植物学会聘为荣誉会员（如英国伦敦林奈学会外籍会员）。他发现新属和新种60个（包括变种），以他的名字命名60多个属和1300多个物种。

该植物学家的名字标准缩写为Rehder。

● **命名物种**

命名世界物种共计1386种。主要发表于以下刊物：（1）*Plantae Wilsonianae*；（2）*Journal of the Arnold Arboretum*；（3）*Cyclopedia of American Horticulture：Comprising Suggestions for Cultivation of Horticultural Plants*；（4）*Journal of the New England Botanical Club*。

纪念物种

有60多个植物分类群植物属是以他的名字命名的，特别是 *Rehdera*、*Rehderodendron*、*Rehderophoenix* 3个属。

马克斯·伯雷特（Max Burret）于1936年将槟榔科的属 *Rehderophoenix* 以他的名字命名。

哈罗德·莫顿克（Harold Modenke）于1936年将马鞭草科的属 *Rehdera* 以他的名字命名。胡先骕于1932年将安息香科的木瓜红属 *Rehderodendron* 以他的名字命名。以 *rehderi* 为种加词命名的物种有14个。以 *rehderianus* 为种加词命名的物种有12个。

主要著作

雷德尔出版了大约1000种出版物，主要有《布拉德利文献目录》《世界木本植物文献指南》《忍冬属概要》《北美种植乔木和灌木手册》《北半球较冷温带地区栽培乔木和灌木名录》等。参加编写的著作有《园艺百科全书》《威氏植物》《杜鹃花属的种类》《植物名录》等。《北半球较冷温带地区栽培乔木和灌木目录》的编写是一项庞大的工程，经过几十年汇编了15万条数据。

提要：雷德尔是第一个将种子植物应用于园林的科学家，是哈佛大学阿诺德树木园创始人之一，也是世界著名的树木学家之一。

生平事迹

八、阿尔弗雷德·拉塞尔·华莱士

阿尔弗雷德·拉塞尔·华莱士Alfred Russel Wallace（1823年1月8日—1913年11月7日）是英国博物学家、探险家、地理学家、人类学家、生物学家及植物插画家。

● 生平概览

华莱士以"天择"为主题的论文与达尔文的一些著作同时出版，可以认为他与达尔文几乎同时发现了自然选择进化论。华莱士是现代生物地理学领域的奠基人之一。他从1848年开始在亚马逊盆地进行博物学调查；从1854开始在马来群岛开展了8年广泛的田野调查，并在马来群岛确定了现在生物地理学中区分东洋区和澳大拉西亚区的分界线（华莱士线）。从马来群岛考察回来后，他于1869年编写了《马来群岛》(The Malay Archipelago)。《科学传记词典》评价这本书为"有史以来最好的科学旅行书籍之一"。

该植物学家的名字标准缩写为Wallace。

● 命名物种

Astrocaryum humile、*Bactris integrifolia*、*Bactris macrocarpa*、*Bactris tenuis*、*Euterpe catinga*、*Leopoldinia piassaba*、*Leopoldinia piassaba*、*Mauritia carana*、*Mauritia carana*。

● 纪念物种

理查德·斯普鲁斯（Richard Spruce）、乔治·边沁（George Bentham）、约瑟夫·道

尔顿·胡克（Joseph Dalton Hooker）在 Genera Plantarum ad Exemplaria Imprimis in Herbariis Kewensibus 上设立了属 Wallacea 以表示纪念。

西弗特·亨德里克·科德斯（Sijfert Hendrik Koorders）在 Mededeelingen uit's Lands Plantentuin 上设立了属 Wallaceodendron 以表示纪念。

查理·丹尼·海图布（Charlie Danny Heatubun）在 Kew Bulletin 上设立了属 Wallaceodoxa 以表示纪念。

以 wallacei 为种加词命名的物种有 33 个。以 wallaceanum 为种加词命名的物种 1 个。以 wallaceana 为种加词命名的物种有 4 个。

主要著作

（1）The World of Life: A Manifestation of Creative Power, Directive Mind and Ultimate Purpose；（2）The Malay Archipelago（1869）；（3）Distribution of Animals（1876）；（4）Darwinism（1889）；（5）Man's Place in the Universe（1903）；（6）My Life: A Record of Events and Opinions；（7）Darwinism: An Exposition of the Theory of Natural Selection, with Some of Its Applications；（8）The Geographical Distribution of Animals；（9）Tropical Nature, and Other Essays；（10）The Malay Archipelago: The Land of the Orang-utan, and the Bird of Paradise；（11）Natural Selection and Tropical Nature；（12）Island Life or the Phenomena and Causes of Insular Faunas and Floras；（13）Contributions to the Theory of Natural Selection；（14）Die Tropenwelt: Nebst Abhandlungen Verwandten Inhaltes；（15）The Wonderful Century: Its Successes and Its Failures；（16）Travels on the Amazon；（17）The Birds of Paradise。

☞ 华莱士理论与达尔文理论的区别

华莱士与达尔文关于"自然选择"理论存在如下几点主要差异。

（1）在性别选择中雌性选择的重要性方面，华莱士提出"由雄性斗争而产生的性别选择是无可置疑的，但是，与达尔文不同，我认为不存在任何雌性的选择。科学观点的潮流是朝着我的观点方向'移动'的"。当时，华莱士是正确的：科学观点确实是朝着华莱士的观点"移动"的。通过雌性选择实现的性别选择直到20世纪下半叶才成为生物学界高度关注的进化论主题之一。

（2）在人工选择和驯化生物与野外进化之间的关联性方面，达尔文在《物种起源》中的"在通过自然选择实现进化"部分论述了生物饲养的类推结论；相

八、阿尔弗雷德·拉塞尔·华莱士

反,华莱士对从饲养动物和植物中所推出的结论在自然界生物中的适用性表示怀疑。

（3）对于杂交不育性是否可以通过自然选择的直接作用而进化,也就是杂交不育性本质上是否具有适应性,达尔文认为,所有杂交不育性和不可杂交性都是副产品；相反,华莱士认为,在某些情况下,选择能够直接提高已经具有部分不育性的杂交的不育性。此外,华莱士还认为他将自然选择拓展到一个达尔文未曾涉及的领域。华莱士在晚年论述他对自然选择进化论的贡献时,将"维持自然选择提高杂交体不育性的能力"列为他对达尔文主义的拓展。

（4）在人类起源问题上,华莱士的人类学思想主张自然选择不适用于人。

提要：华莱士是继达尔文之后最著名的生物学家之一,亦提出了进化论思想。

生平事迹

九、安德烈·米肖

安德烈·米肖 André Michaux（1746年3月8日—1802年11月13日）是法国植物学家和探险家。

● 生平概览

米肖在学术上最突出的成就是关于北美植物区系的研究。他工作的一部分是努力收集欧洲自然界资料，重点是植物区系资料。米肖编写的《北美橡树史》(Histoire des Chénes de L'Amérique)和《北美植物志》(Flora Boreali-Americana)一直到19世纪都是植物学研究重要的参考文献。他的儿子弗朗索瓦·安德烈·米肖也是权威的植物学家。

该植物学家的名字标准缩写为 Michx.。

● 命名物种

命名世界物种共计1109种。大多数物种发表于 Flora Boreali-Americana，少数物种发表于 Prodromus Florae Novae Hollandiae et Insulae Van-Diemen、Lampasona Journal History Natura。

命名中国物种：双穗雀稗 Paspalum paspaloides、皱稃雀稗 Paspalum plicatulum、线叶黑三棱 Sparganium angustifolium、加拿大雀麦 Bromus canadensis、卵果蕨 Phegopteris connectilis、芒苞车前 Plantago aristata、三花拉拉藤 Galium triflorum、齿裂大戟 Euphorbia dentata、洋野黍 Panicum dichotomiflorum、金樱子 Rosa laevigata、蔺木贼 Equisetum scirpoides、垂穗草 Bouteloua curtipendula、尖叶假龙胆 Bouteloua curtipendula。

九、安德烈·米肖

● **纪念物种**

以他的名字 *michauxii* 为种加词命名的物种有124种，如 *Lilium michauxii*、*Saxifraga michauxii*。以 *michauxiana* 为种加词命名的物种有23个。以 *michauxianum* 为种加词命名的物种有7个。以 *michauxianus* 为种加词命名的物种有5个。

查尔斯·路易·莱里捷·布鲁泰勒（Charles Louis L'Héritier de Brutelle）设立了属 *Michauxia* 以表示纪念。

● **主要著作**

(1)《北美植物志》；(2)《北美洲的橡胶园》；(3)《北美植物区系的植物园》；(4)《夏涅斯历史》；(5)《北美橡树史》。

提要：米肖是法国著名植物学家，其最突出的贡献是对北美洲的考察。1785—1791年，他向法国运送了390箱植物，包括60000株植株和1700余种种子。他是一位"植物猎人"，走遍了北美洲各个地区，深入美国内陆。1796年，他采集的标本在归途中遇海难而都遭破坏，但他并不甘心，又返回北美洲进行采集。1792年，他得到杰斐逊的赞助，重启对美洲的考察，在北美洲待了3年。他在美国建立的植物园被称为"法国人花园"。在他的努力下，大量北美植物被引入法国。

生平事迹

一〇、安德烈·切萨尔皮诺

安德烈·切萨尔皮诺 Andrea Cesalpino（1524年6月6日—1603年2月23日）是意大利医生、生理学家、哲学家和植物学家。

● **生平概览**

切萨尔皮诺对植物的分类是根据植物果实和种子形态，而不是人为划分或按药用性质划分的，是最初的自然分类方法。1555年，他任比萨植物园园长。切萨尔皮诺还在生理学领域有所研究。1592年，切萨尔皮诺被召到罗马，担任教皇克莱蒙八世的私人医生。他在晚年一直担任罗马智德大学（即罗马第一大学的前身）的医学和植物学教授，直到1603年去世。切萨尔皮诺是一位典型的文艺复兴式学者，他的研究涉及植物学、医学、哲学等很多领域，是一位标准的"跨界达人"。

该植物学家的名字标准缩写为 Cesalpino。

● **纪念物种**

罗伯特·布朗（Robert Brown）在 *A Voyage to Terra Australis* 上设立了云实亚科 Caesalpiniaceae 以表示纪念。

林奈在《植物种志》上设立了云实属 *Caesalpinia* 以表示纪念。

● **主要著作**

（1）《植物十六卷》；（2）《论植物》。

生平事迹

十一、谭卫道（阿尔芒·戴维）

谭卫道（阿尔芒·戴维）Armand David（1826年9月27日—1900年11月10日）是法国动物学家和植物学家。

● **生平概览**

无论是在法国，还是在中国，谭卫道都可算作19世纪博物学史及生物学史上的一位重要人物。在第二次鸦片战争后，他先后三次到中国内陆地区探索，采集了大量的动植物标本与活体。谭卫道是最早到中国内陆地区考察动植物物种的欧洲人之一，也是研究中国物种地理分布最早的人之一，在博物学方面做出了贡献。他是最早发现并描述大熊猫、金丝猴、麋鹿、珙桐等物种的西方人，这些物种的发现轰动了整个欧洲社会。

该植物学家的名字标准缩写为David。

● **命名物种**

Rhododendron rotundifolium、*Quercus spinosa*、*Quercus ilicoides*、*Davidia tibetana*。

● **纪念物种**

亨利·欧内斯特·拜隆（Henry Ernest Baillon）在*Adansonia*上设立了属*Davidia*以表示纪念。

以 *davidii* 为种加词命名的物种有126个。以 *davidiana* 为种加词命名的物种有70个。以 *davidianum* 为种加词命名的物种有3个。以 *davidianus* 为种加词命名的物种有3个。

中国物种中,以 *davidii* 为种加词命名的物种有69个。

● 主要著作

(1)《一种新藏马鸡的特征》(1870);(2)《四川西部牟平两新种鸟类》(1871);(3)《一种鸦雀》(1872);(4)《第三次探索中国的日记》(1875);(5)《中国鸟类》(1877);(6)《中国动物区系》(1888);(7)《中国雉类生境笔记》(1888);(8)《中国动物群》(1889)。

提要:他热爱科学。他来中国的初衷是传教。但中国人很多信奉佛教,很难改变信仰,于是他将在中国的工作重点放在生物考察和收集上。他收集了52种杜鹃花、40多种报春花,将这些物种送到了巴黎自然历史博物馆。他还发现了麋鹿和大熊猫。

生平事迹

十二、阿瑟·约翰·克朗奎斯特

阿瑟·约翰·克朗奎斯特 Arthur John Cronquist(1919年3月19日—1992年3月22日)是美国植物学家,尤其是菊科专家。

● 生平概览

克朗奎斯特被认为是20世纪最有影响力的植物学家之一,这主要归因于他提出了克朗奎斯特系统。

该植物学家的名字标准缩写为Cronquist。

● 命名物种

命名世界物种共计748种。主要发表于以下刊物:(1)*Journal of the New England Botanical Club*;(2)*Journal of the California Botanical Society*;(3)*Vascular Plants of the Pacific Northwest*;(4)*Leaflets of Western Botany*。

● 纪念物种

罗伯特·梅里尔·金(Robert Merrill King)在*Brittonia*上设立属*Cronquistia*以表示纪念。

罗伯特·梅里尔·金(Robert Merrill King)在*Phytologia*上设立属*Cronquistianthus*以表示纪念。

以其名字命名的物种有32种。

● 主要著作

（1）*An Integrated System of Classification of Flowering Plants*；（2）*The Evolution and Classification of Flowering Plants*；（3）*Outline of a New System of Families and Orders of Dicotyledons*；（4）*Broad Features of the System of Angiosperms*；（5）*Some Realignments in the Dicotyledons*；（6）*Too Many Results Search Only the Catalog*；（7）*The Sunflower Family（Asteraceae）of British Columbia：Vol. I—Senecioneae*；（8）*Specimen Record Book*。

☞ 克朗奎斯特系统的提出

克朗奎斯特在30多岁时开始质疑恩格勒和柏兰特所著的《植物自然科志》提出的分类系统的有效性(这一系统通称恩格勒系统,自19世纪后期以来就一直是最主流的植物分类系统)。尽管克朗奎斯特最初主要研究菊科,但仍进行了大量分类学研究,讨论如何建立一个新分类系统,并于1957年出版了第一部相关著作。

1968年,他出版了第一部分类学综述,即《有花植物的进化和分类》(在1988年出版了第二版)。这部著作也是对系统植物学实践的详论。书中把被子植物(有花植物)划分为2纲11亚纲,向下论述到科级水平,对每个类群都做了描述和界定。1981年,他的里程碑式的著作《有花植物的综合分类系统》面世。该书对之前提出的系统做了一些修正,同时对被子植物的所有科做了详细的特征描述(包括内部形态特征及化学成分)。克朗奎斯特系统是参考了形态学(包括外部和内部形态学)、植物化学、古植物学等方面的大量文献后制定的。该系统将双子叶植物分为6亚纲62目317科,将单子叶植物分为5亚纲19目61科。后来有好几部主要的植物志都采用了克朗奎斯特系统,如《杰普逊手册》《北美洲植物志》《澳大利亚植物志》,还有1991年格利逊与克朗奎斯特合编的《维管植物手册》。

克朗奎斯特系统采用真花学说及单元起源的观点,认为有花植物起源于已经灭绝的种子蕨,现代所有的被子植物各亚纲都不可能从现存的其他亚纲植物演化而来;木兰目是被子植物的原始类型,柔荑花序类起源于金缕梅目,单子叶植物的祖先类似现代睡莲目。

生平事迹

十三、阿萨·格雷

阿萨·格雷 Asa Gray(1810年11月18日—1888年1月30日)是美国植物学家。

● 生平概览

格雷组织编写了植物地理学的主要概论。格雷是查尔斯·达尔文(Charles Darwin)的知己,是达尔文观点最坚定的支持者之一。同时,他认为宗教和达尔文的自然选择理论可以共存。他对北美植物区系的研究比任何其他植物学家都要广泛。他是《从新英格兰到威斯康星州和从南到俄亥俄州和宾夕法尼亚州的美国北部植物学手册》(*Manual of the Botany of the Northern United States, from New England to Wisconsin and South to Ohio and Pennsylvania Inclusive*,通常称为《格雷手册》)前五版的唯一独立作者。

该植物学家的名字标准缩写为 A. Gray。

● 命名物种

命名世界物种共计7817种。主要发表于以下刊物:(1)*American Journal of Science and Arts*;(2)*Proceedings of the American Academy of Arts and Sciences*;(3)*Genera Florae Americae Boreali-Orientalis Illustrata*;(4)*Proceedings of the American Academy of Arts and Sciences*;(5)*Memoirs of the American Academy of Arts and Sciences*。

命名中国物种:灰白银胶菊、蒙蒿子、倒卵叶莞花、棋盘花、紫花堇菜、堇菜、薄果荠、尖叶火烧兰、东方野豌豆、海岛越橘、山东万寿竹、透茎冷水花、连钱黄芩、东北瑞香、根叶漆姑草、山桃草、鬼灯檠、度量草、鹿药、乌冈栎、光叶红、圆叶苦荬菜、假婆婆纳、五角桔楼、独丽花、齿叶橐吾、皱果薹草、丝穗金粟兰、光千金藤、肿柄菊、台湾筋骨草等。

● 纪念物种

以 *grayi*、*grayiana*、*grayanus*、*grayana* 为种加词命名的物种是对他的纪念。

威廉·杰克逊·胡克（William Jackson Hooker）与乔治·阿诺特·瓦尔克·阿诺特（George Arnott Walker Arnott）在 *Botany of Captain Beechey's Voyage* 上设立了属 *Grayia* 以表示纪念。

史蒂芬·拉地斯劳斯·恩德利希（Stephan Ladislaus Endlicher）在 *Genera Plantarum Secundum Ordines Naturales Disposita*（Endlicher）上设立了属 *Graya* 以表示纪念。

● 主要著作

（1）*Synoptical Flora of North America*；（2）*Gray's Botanical Text-Book*；（3）*Introduction to Structural and Systematic Botany and Vegetable Physiology*；（4）*Manual of the Botany of the Northern United States, from New England to Wisconsin and South to Ohio and Pennsylvania Inclusive*。

> ☞ **格雷与进化论**
>
> 　　在1846年之前，格雷一直反对物种嬗变的观念。19世纪50年代初，格雷明确地定义了物种的概念，即物种是分类学的基本单位。格雷坚持认为物种的所有成员之间必须存在遗传联系，就像生育一样。这个概念对达尔文的理论至关重要。格雷也强烈反对一个种群内部的杂交思想。
>
> 　　达尔文在1857年7月发给格雷的关于自然选择的信件（概述了他关于物种起源的理论）成为证明达尔文在自然选择进化论方面的知识优先权的关键证据。
>
> 　　达尔文于1859年11月24日出版了《物种起源》。由于当时没有国际版权法，格雷致力于保护该书免受盗版的侵害。达尔文非常感谢格雷的努力，向他提供了一些版税。达尔文高度尊重格雷，将他编写出版的《同种植物的不同花型》赠给了格雷。

十三、阿萨·格雷

提要：少年时代的格雷深受化学家哈德利的影响。他是一位"室内"植物学家，多数标本由其他采集者采集。他指出"东亚植物区系与北美植物区系存在密切联系"，温带植物区系在北极圈与美洲和亚洲植物区系相连，由此发生混合。

格雷坚持物种之间存在着必然的遗传联系，但他认为进化是造物主指导的。他与许多植物学家通信，包括达尔文。他作为哈佛大学教授，与科学家建立了通信网络及标本交流网络，被称为"北美植物学之父"，被认为是19世纪最杰出的植物分类学家。

生平事迹

十四、奥古斯特·格里泽巴赫

奥古斯特·格里泽巴赫 August Grisebach（1814年4月17日—1879年5月9日）是德国植物学家和植物地理学家。

● **生平概览**

格里泽巴赫创造了"植物地理学"名词。他命名了4000余种植物。《西印度群岛植物志》(Göttingen, Verlag der Dieterichschen Buchhandlung)是其重要著作；《系统论植物志》(Flora of the British West Indian Islands)阐述了其分类方法；《气候影响的地球植被》(Die Vegetation der Erde nach Ihrer Klimatisches Anordnung)是其代表作。

该植物学家的名字标准缩写为Griseb.。

● **命名物种**

命名世界物种4815种。主要发表于以下刊物：(1)*Catalogus Plantarum Cubensium*；(2)*Ein Journal für die Botanik in Ihrem Ganzen Umfange*；(3)*Flora of the British West Indian Islands*；(4)*Journal of the Proceedings of the Linnean Society*；(5)*Abhandlungen der Königlichen Gesellschaft der Wissenschaften zu Göttingen*；(6)*Symbolae ad Floram Argentinam*。

命名中国物种：发表了许多禾本科植物物种，如菰 *Zizania latifolia*、披碱草 *Elymus dahuricus* 等。另外，筒花龙胆 *Gentiana tubiflora*、喜马拉雅龙胆 *Gentiana venusta*、华南龙胆 *Gentiana loureiroi* 等龙胆属植物及普兰假龙胆 *Gentianella moorcroftiana* 等假龙胆属植物由其命名。

● 纪念物种

以 *grisebachii*、*grisebachianum*、*grisebachiana* 为种加词命名的物种是对其纪念。

● 主要著作

（1）*Göttingen，Verlag der Dieterichschen Buchhandlung*；（2）*Catalog of Plants of Cuba*；（3）*Systematische Untersuchungen ber die Vegetation der Karaiben，Inbesondere der Insel Guadeloupe*；（4）*Flora of the British West Indian Islands*；（5）*Grandriss der Systematis Botanik*；（6）*Die Vegetation der Erde nach Ihrer Klimatisches Anordnung*。

提要：格里泽巴赫是龙胆科和马鞭草科植物专家，主要考察地区为巴尔干半岛及土耳其西部。他是德国著名植物区系专家，是哥廷根大学著名教授，其采集标本大多存于此。

生平事迹

十五、奥古斯特·巴奇

奥古斯特·巴奇August Batsch（1761年10月28日—1802年9月29日）是德国植物学家、菌类学家、动物学家，主要研究领域为真菌。

● **生平概览**

巴奇是公认的菌类研究权威，发现了近200种新的蘑菇，代表作为《关于真菌》。他发表了许多蕨类植物、苔藓植物和种子植物新种，代表作为《植物亲和表》。他在动物学领域亦成就斐然，《动物和矿物的知识、发展和历史临时指南》是其代表作。

该植物学家的名字标准缩写为Batsch。

● **命名物种**

科：Aloaceae、Coffeaceae、Hyacinthaceae、Mattuschkea、Melanthiaceae、Primulaceae、Violaceae。

属：*Coockia*、*Crudya*、*Eckebergia*、*Forshohlea*、*Houttouynia*、*Iserta*、*Kitaibela*、*Lunularia*、*Mattuschkea*、*Nassovia*、*Pertastemon*。

种：*Prunus amygdalus*、*Prunus incana*、*Prunus persica*、*Prunus persica*、*Prunus pumilio*、*Prunus tenella*。

● **纪念物种**

马丁·瓦尔（Martin Vahl）在*Symbolae Botanicae*上设立了属*Batschia*以表示纪念。

十五、奥古斯特·巴奇

● **主要著作**

（1）*Synopsis Universalis Generum Plantorum*；（2）*Dispositi Generum Plantorum Jenensum*；（3）*Anweisung zur Kenntnis der Geschichte der Pflanzen und Gewächse*；（4）*Umriss der Gesamten Naturgeschichte*；（5）*Elenchus Fungorum*；（6）*Naturgeschichte der Bandwurmgattungen*；（7）*Versuch einer Anleitung zur Kenntnis und Geschichte der Tiere und Mineralien für Medicinische Vorlesungen Entworfen und Mit den Nötigen Abbildungen Versehen*；（8）*Erste Grundzüge der Systematischen Chemie*（1789）；（9）*Versuch einer Arzneimittellehre Nach den Verwandtschaften der Wirkenden Bestandteile*；（10）*Disposito Generum Plantarum Europae Synoptium Secundum Systema Sexuale Emendiatum Exarata*；（11）*Botanik für Frauenzimmer*；（12）*Dissertatio Inauguralis Botanica Sistens Dispositionem Generum Plantarum Jenensium View Metadata*；（13）*Tabula Affinitatum Regni Vegetabilis*。

提要：巴奇先在耶拿大学学习，后在耶拿大学教植物学、哲学自然史。他是歌德的校友，为歌德研究植物学提供建议，并影响歌德关于物种嬗变的思想。他建立了耶拿第一座植物园。他发现200余个蘑菇新物种。他不认可林奈的分类系统。他对动物，特别是海龟也很有研究。

生平事迹

十六、奥古斯丁·彼拉姆斯·德堪多

奥古斯丁·彼拉姆斯·德堪多 Augustin Pyramus de Candolle（1778年2月4日—1841年9月9日）是瑞士植物学家，他首先提出了"自然战争"的概念，也因此启发了达尔文。

● 生平概览

德堪多于1804年在巴黎大学获得医学学位。他着手编写一部巨大的植物百科全书，吸引了拉马克的注意和赞赏。全书篇幅极为宏大，以致他生前未能完成。德堪多只编写了7卷（剩下的14卷由他人编写），但牢固地树立了他在植物学界的地位。他曾应法国政府的请求，花了6年的时间对法国进行了一次植物学和农业考察。德堪多把拉马克的深层类似分类法运用于实践，并将自己的后半生致力于扩充和完善这个系统。他在1813年创造了"分类学"一词来定义命名分类的科学。他的植物分类法大部分在目前仍被采用。1819年，他成为日内瓦大学植物学教授。他肯定了子叶数目、花部特征的重要性，重视维管束结构，并将维管束作为第一分类特征，认为双子叶植物是被子植物的原始类群。

该植物学家的名字标准缩写为DC.。

● 命名物种

命名世界物种共22380种。主要发表于以下刊物：（1）*Flore Francaise*；（2）*Prodromus Systematis Naturalis Regni Vegetabili*；（3）*Regni Vegetabilis Systema Naturale, sive Ordines, Genera et Species Plantarum Secundum Methodi Naturalis Normas Digestarum et Descriptarum*。

命名中国物种 700 余种：四棱豆 *Psophocarpus tetragonolobus*、木棉 *Bombax malabaricum*、萍蓬草 *Nuphar pumila*、伽蓝菜 *Kalanchoe laciniata*、锦带花 *Weigela florida*、省沽油 *Staphylea bumalda*、刀豆 *Canavalia gladiata*、地杨梅 *Luzula campestris*、风毛菊 *Saussurea japonica*、白兰花 *Michelia alba*、水芹 *Oenanthe javanica*、射干 *Belamcanda chinensis*、红花酢浆草 *Oxalis corymbosa*、棣棠花 *Kerria japonica*、草玉梅 *Anemone rivularis* 等。

● 纪念物种

查尔斯·弗朗索瓦·布里索·德·米尔贝尔（Charles François Brisseau de Mirbel）在 *Histoire Naturelle des Végétaux* 上设立了属 *Candollea* 以表示纪念。

理查德·萨姆纳·考恩（Richard Sumner Cowan）在 *Journal of the New England Botanical Club* 上设立了属 *Candolleodendron* 以表示纪念。

以 *candollii*、*augustinii*、*augustinianum*、*augustinianus*、*augustiniana* 为种加词命名的物种是对其纪念。

● 主要著作

（1）*First Reticularia Rosea*；（2）*Historia Plantarum Succulentarum*；（3）*Astragalogia*；（4）*Les liliacées*；（5）*Flore Française*；（6）*Synopsis Plantarum in Flora Gallica Descriptarum*；（7）*Théorie Élémentaire de la Botanique*；（8）*Mémoire sur la Géographie des Plantes de France, Considerée dans Ses Rapports Avec la Hauteur Absolue*；（9）*Regni Vegetabillis Systema Naturale*；（10）*Flore du Mexique*；（11）*Essai Élémentaire de Géographie Botanique*；（12）*Prodromus Systematis Naturalis Regni Vegetabilis*；（13）*Essai sur les Propriétés Médicales des Plantes Comparées Avec Leurs Formes Extérieures et Leur Classification Naturelle*。

生平事迹

十七、韩尔礼(奥古斯丁·亨利)

韩尔礼(奥古斯丁·亨利)Augustine Henry (1857年7月2日—1930年3月23日)是英国植物学家。

● **生平概览**

韩尔礼于1881年来华,1883—1890年在湖北宜昌海关任帮办兼医生,1894年任台南海关帮办。他的业余爱好是研究植物,休假时做采集标本的旅行,先在湖北、四川采集了500多种新植物标本,后又到海南、台湾和云南等地进行调查,到1897年,收藏标本已达5000余种。他在上海亚洲文会的学报和海关刊物上发表很多关于中国植物的文章。他著有《中国经济植物札记》《台湾植物名录》等。韩尔礼采集到新科——茶菱科(Trapellaceae)。

该植物学家的名字标准缩写为A. Henry。

● **命名物种**

全世界由韩尔礼命名的物种有33种。

命名中国物种:福建柏 Fokienia hodginsii、辽杨 Populus maximowiczii、偃柏 Sabina chinensis var. sargentii、西藏云杉 Picea spinulosa、云南金钱槭 Dipteronia dyerana、绿果黄花落叶松 Larix olgensis f. viridis、黄花落叶松 Larix olgensis。

十七、韩尔礼（奥古斯丁·亨利）

● 纪念物种

属 *Henrya*、属 *Neohenrya*、属 *Henryastrum* 均以其名字命名，以表示纪念。

由于韩尔礼当年的大量采集，后人为了纪念他，以其拉丁化的名或姓作为种加词，即 *henryi* 或 *augustinei*。以 *henryi* 为种加词命名的物种有 428 个，均为纪念韩尔礼，如台湾魔芋 *Amorphophallus henryi*、亨利氏铁线莲 *Clematis henryi*、亨利马唐 *Digitaria henryi*、台湾栾树 *Koelreuteria henryi*、齿唇羊耳蒜 *Liparis henryi* 等。

● 主要著作

（1）《中国经济植物札记》（1893）；（2）《台湾植物名录》（1896）；（3）韩尔礼与亨利·约翰·艾尔维斯（Henry John Elwes）共同主编了七卷的《大不列颠与爱尔兰树木志》。

提要：韩尔礼是一位"植物猎人"，也是研究中国植物的植物学家，曾于湖北宜昌任帮办，业余时间研究植物。胡克是他的老师，胡克曾派威尔逊为他采集标本。其任外交官时采集了大量植物标本，采集范围广（大于赖神甫的采集范围），共采集植物标本 15.8 万件（5000 余种），是至今在中国采集最多植物的外国人。他主要在中国西南地区及海南、台湾等地采集，发现新科 5 个、新属 37 个、新种 1726 个。

生平事迹

十八、本杰明·史密斯·巴顿

本杰明·史密斯·巴顿 Benjamin Smith Barton（1766年2月10日—1815年12月19日）是美国植物学家、动物学家、博物学家、考古学家和内科医生。

● 生平概览

巴顿是美国最早的自然史教授之一，建立了美国最大的植物标本收藏库。他写了美国第一本植物学教材《植物学元素》(Elements of Botany)。他在动物学及考古学领域亦成就斐然。

该植物学家的名字标准缩写为 Barton。

● 命名物种

命名世界物种14种，如 *Bartonia pentandra*、*Bartonia verna*、*Chionanthus roseus*、*Cnicus odoratus*、*Frasera officinalis*、*Hamamelis communis*、*Ilex atramentaria*、*Ilex delicatula*、*Ilex nebulosa*、*Ilex religiosa*、*Utricularia violacea*。

建立了属 *Jeffersonia*、属 *Nemophila*、属 *Nuttallia* 3个属。

● 纪念物种

以 *bartonii* 为种加词的物种是对其纪念。

戈特希尔夫·亨利·欧内斯特·穆伦伯格（Gotthilf Henry Ernest Muhlenberg）与卡

尔·路德维希·韦尔登诺（Carl Ludwig Willdenow）在 *Neue Schriften，Gesellschaft Naturforschender Freunde zu Berlin* 上设立了罢托尼草属 *Bartonia*。

● **主要著作**

（1）*Elements of Botany*；（2）*Collections for An Essay Towards a Materia Medica of the United-States*；（3）*Flora Virginica*。

提要：巴顿与许多植物学家合作，编写了《植物学元素》。这是美国第一本植物学教材，巴特拉姆为其配了插图。他还撰写了关于草本的教材及医学方面的书籍。他对动物学也颇有研究，特别是对响尾蛇的研究颇深。他在考古学领域也做出了突出贡献。

生平事迹

十九、卡尔·普雷斯尔

卡尔·普雷斯尔 Carl Presl（1794年2月17日—1852年10月2日）是捷克植物学家。

● 生平概览

普雷斯尔为捷克斯洛伐克京城大学的植物学教授。他研究紫草科与唇形科的专家。他先提出了水龙骨科的普雷氏（Presl）分类系统；之后又提出了蕨类植物分类系统，把真蕨类分为2亚目13族117属。

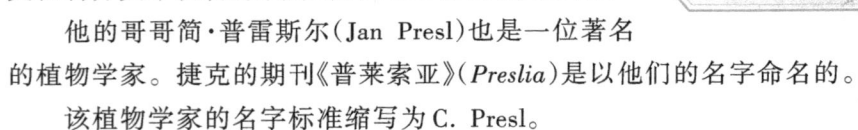

他的哥哥简·普雷斯尔（Jan Presl）也是一位著名的植物学家。捷克的期刊《普莱索亚》（*Preslia*）是以他们的名字命名的。

该植物学家的名字标准缩写为 C. Presl。

● 命名物种

命名世界物种共计4408种。主要发表于以下刊物：（1）*Reliquiae Haenkeanae*；（2）*Epimeliae Botanicae*；（3）*Hymenophyllaceae*；（4）*Abhandlungen der Königlichen Böhmischen Gesellschaft der Wissenschaften*；（5）*Repertorium Botanicae Systematicae*（*Presl*）。

命名中国物种：多数为蕨类植物，如全缘贯众 *Cyrtomium falcatum*、鸟巢蕨 *Asplenium nidus* 等，著名的香蒲 *Typha orientalis* 也是他命名的。

纪念物种

鳞剑菜属 *Preslaea* 是为了纪念普雷斯尔设立的。
以 *preslii* 为种加词的物种是对其纪念。

主要著作

（1）*O Přirozenosti Rostlin*（1820）；（2）*O Přirozenosti Rostlin aneb rostlinář*（1820—1835）；（3）*Reliquiae Haenkeanae*（1825—1835）；（4）*Flora Sicula, Exhibens Plantas Vasculosas in Sicilia aut Sponte Crescentes aut Frequentissime Cultas, Secundum Systema Naturale Digestas*（1826）；（5）*Symbolae Botanicae, sive, Descriptiones et Icones Plantarum Novarum aut Minus Cognitarum*（1832）；（6）*Catalogue of Ferns*；（7）*Hymenophyllaceae*（1845）；（8）*Supplementum Tentaminis Pteridographiae*（1847）；（9）*Die Gefässbündel im Stipes der Farrn*（1848）。

生平事迹

二〇、卡尔·丹尼尔·弗里德里希·迈斯纳

卡尔·丹尼尔·弗里德里希·迈斯纳 Carl Daniel Friedrich Meisner(1800年11月1日—1874年5月2日)是瑞士植物学家。

● 生平概览

迈斯纳在其代表作《山龙眼的分类学安排》中建立了山龙眼科的分类系统。命名世界物种3000余种，中国植物刺蓼、云南樟等由他命名。他对澳大利亚植物研究最多。他在山茱萸科、豆科、含羞草科、桃金娘科等领域做出了突出贡献。

该植物学家的名字标准缩写为Meisn.。

● 命名物种

命名世界物种3134种。主要发表于以下刊物：(1)*Plantae Preissianae sive Enumeratio Plantarum Quas in Australasia Occidentali et Meridionali-Occidentali Annis*；(2)*The London Journal of Botany*；(3)*Botanische Zeitung*；(4)*Index Seminum in Horto Academico Basileensi a Collectorum*。

命名中国物种：多数为蓼科植物，如刺蓼 *Polygonum senticosum* 等；沼楠 *Phoebe angustifolia*、云南樟 *Cinnamomum glanduliferum*、乌心楠 *Phoebe tavoyana* 也是由他命名的。

纪念物种

奥古斯丁·彼拉姆斯·德堪多（Augustin Pyramus de Candolle）在 *Prodromus Systematis Naturalis Regni Vegetabilis* 上设立了属 *Meisneria* 以表示纪念。

以 *meisnerian* 为种加词的物种也是对其纪念，如 *Cryptocarya meisneriana*、*Daphne meisneriana*、*Feuilleea meisneriana*、*Gnidia meisneriana* 等。

主要著作

（1）《山龙眼的分类学安排》；（2）《维管植物属》。

生平事迹

二一、卡尔·恩斯特·奥托·孔茨

卡尔·恩斯特·奥托·孔茨 Carl Ernst Otto Kuntze（1843年6月23日—1907年1月27日）是德国植物学家。

● 生平概览

孔茨根据1867年出版的《巴黎植物命名法》更改了数千种植物名。他在世界各地采集了大量的植物标本。但他对植物分类学的贡献以及他的专著鲜为人知。他在关于自然历史和植物分类学出版物的简短传记、参考书目中，详细列举了1874—1876年和1904年前往苏联南部及其他地区的采集经历，包括在1886—1888年到达加那利群岛和马德拉群岛，在1891—1893年到达南美洲，并在1894年到达南部非洲。他采集的大多数标本保存于纽约植物园植物标本室中。

该植物学家的名字标准缩写为Kuntze。

● 命名物种

命名世界物种共计32286种。主要发表于以下刊物：（1）*Revisio Generum Plantarum*；（2）*Trudy Imperatorskago S.-Peterburgskago Botaniceskago Sada*。

命名中国物种：多数蕨类植物，如狭叶鳞毛蕨 *Dryopteris angustifrons* 等。著名植物茶 *Camellia sinensis*、野漆 *Toxicodendron succedaneum*、番杏 *Tetragonia tetragonoides*、通泉草 *Mazus japonicus* 等也由他命名。

二一、卡尔·恩斯特·奥托·孔茨

● 纪念物种

艾梅·雅克·亚历山大·邦普兰（Aimé Jacques Alexandre Bonpland）在 *Alexandri de Humboldt et Amati Bonpland Plantae Aequinoctiales Paris* 上设立了属 *Kunthia* 以表示纪念。

约翰·戈弗雷·康兰（John Godfrey Conran）与哈罗德·特雷弗·克利福德（Harold Trevor Clifford）在 *Flora of Australia* 上设立了属 *Kuntheria* 以表示纪念。

以 *kunthii* 等为种加词命名的物种是对其纪念。以 *kuntzei* 为种加词命名的物种有99个。以 *kuntzeanus* 为种加词命名的物种有8个。以 *kuntzeanum* 为种加词命名的物种包括10个。以 *kuntzeana* 为种加词命名的物种包括35个。

● 主要著作

（1）*Nomenclaturae Botanicae Codex Brevis Maturus*；（2）*Die Bewegung in der Botanischen Nomenclatur*；（3）*Revisio Generum Plantarum Vascularium Omnium Atque Cellularium Multarum Secundum Leges Nomenclaturae Internationales Cum Enumeratione Plantarum Exoticarum in Itinere Mundi Collectarum, mit Erläuterungen*；（4）*Revisio Generum Plantarum*。

> ☞ **关于植物命名法规的修订**
>
> 　　这是一个壮举。孔茨研究事业的高峰是以1891年出版了前两卷《植物评论》（*Revisio Generam Plantarum*）为标志的。书中对许多植物名称做了修订，如对杜兰德的植物属名索引规则、德堪多的植物命名规范、胡克与边沁的属名系统规则、普里策尔的植物名录、杰克逊的英国皇家植物园（又称邱园）植物索引等作品进行了详细的评论，包括1074属30000多种植物的命名变化。他以1867年巴黎国会确定的分类规则为基础，对分类法规进行了严格的解释，以防止产生任何疑问与漏洞。他对种子植物和蕨类植物的所有属，以及苔藓植物、真菌、藻类的许多属进行了彻底的修订。
>
> 　　尽管他表示他只是在努力运用标准分类方法，但他关于植物命名法的革命性思想，使植物命名规则之间产生了分歧，这种创新性的分类思想成为现代藻类、真菌和植物命名法的前身。

☞关于茶的命名

茶树是林奈和孔茨共同命名的。1950年,我国植物学家钱崇澍根据国际命名法和茶树特性研究,确定茶树学名为 *Camellia sinensis* (L.) O. Kuntze。茶树属于山茶科山茶属的一个种,是多年生、木本、常绿植物。上述茶树学名中,属名 *Camellia* 是山茶属,种加词 *sinensis* 表示中国种,所以茶树学名的意思是"原产于中国的一种山茶属植物";括号里的 L. 是1753年第一位给茶树定学名的植物学家林奈的姓名开头字母。当时他认为茶树属于山茶科茶属。后来,孔茨通过研究认为,茶属和山茶属不存在属间的差异,因为山茶属命名在先,因此就把茶属并入山茶属,于是孔茨的名字被列在林奈之后,作为共同命名者。茶树的学名由此产生。

生平事迹

二二、卡尔·海因里希·舒尔茨

卡尔·海因里希·舒尔茨 Carl Heinrich Schultz（1805年6月30日—1867年12月17日）是德国医生和植物学家，也是植物学家弗里德里希·威廉·舒尔茨的兄弟。

● **生平概览**

从1825年起，他在埃朗根大学学习医学和科学，在那里他是植物学家威廉·丹尼尔·约瑟夫·科赫（Wilhelm Daniel Joseph Koch）的学生。1827年，他在慕尼黑大学继续学习，深受博物学家马克西米利安·珀蒂（Maximilian Perty）的影响。1830年，他去巴黎学习，回国后在慕尼黑定居，并从事医疗工作。1832—1835年，他因政治原因被监禁，并于获释后在医院工作了多年。

他专门研究菊科，是菊科许多物种的分类学命名人。

1840年，他与来自普法尔茨及周边地区的25位学者共同创立了蜡果（Pollichia）科学学会。他于1867年12月17日在戴德斯海姆逝世。

该植物学家的名字标准缩写为Sch. Bip.。

● **命名物种**

命名世界物种共计3099种，主要是菊科植物。主要发表于以下刊物：（1）*Flora*；（2）*Oesterreichisches Botanisches Wochenblatt*；（3）*Linnaea*；（4）*Conspectus Florae Europaeae*。

命名中国物种：许多菊科植物由他命名，如马兰 *Kalimeris indica*、线叶蓟

Cirsium lineare、木茼蒿 *Argyranthemum frutescens* 等。

● 纪念物种

弗里德里克·阿勒费尔德（Friedrich Alefeld）在 *Jahresbericht der Pollichia, eines Naturwissenschaftlichen Vereins der Bayerischen Pfalz* 上设立了属 *Bipontinia* 以表示纪念。

以 *schultzii* 为种加词命名的物种是对其纪念。

● 主要著作

（1）*Analysis Cichoriacearum Palatinatus*（1841）；（2）*Enumeration of the Compositae Collected by B. Seemann and J. Potts in North-western Mexico*（1845）；（3）*Beitrag zur Geschichte und Geographischen Verbreitung der Cassiniaceen*（1866）。

生平事迹

二三、卡尔·约翰·马克西莫维奇

卡尔·约翰·马克西莫维奇Carl Johann Maximowicz（1827年11月23日—1891年2月16日）是俄国植物学家。

● **生平概览**

马克西莫维奇是19世纪末最重要的植物分类学家之一。他是研究亚洲及中国植物的专家。他曾为世界各国的采集者进行标本分类，因此为世界范围内的植物标本交换做了贡献。命名世界物种1300余种。他是彼得堡植物园的首席植物学家、俄国科学院院士和俄国植物博物馆馆长。他于1888年当选为美国艺术与科学学院的外国名誉会员。

该植物学家的名字标准缩写为Maxim.。

● **命名物种**

命名世界物种共计1361种。主要发表于以下刊物：（1）*Bulletin de L'Académie Impériale des Sciences de Saint-Pétersbourg*；（2）*Trudy Imperatorskago S.-Peterburgskago Botaniceskago Sada*；（3）*Bulletin de la Classe Physico-Mathematique de L'Académie Impériale des Sciences de Sciences de Saint-Pétersbourg*；（4）*Primitae Florae Amurensis*。

● **纪念物种**

以*maximowiczii*为种加词命名的物种有204种。以*maximowicziana*为种加词命名的物种有59种。以*maximowiczianum*为种加词命名的物种有8种。以

maximowiczianus 为种加词命名的物种有4种。

弗朗茨·约瑟夫·鲁普雷希特（Franz Josef Ruprecht）在 *Bulletin de la Class Physico-Mathematique de L'Académie Impériale des Sciences de Saint-Pétersbourg* 上设立了五味子属 *Maximowiczia* 以表示纪念。

主要著作

（1）*Diagnoses Plantarum Novarum Asiaticarum*（1859）；（2）*Primitae Florae Amurensis*（1859）；（3）*Rhamneae Orientali-Asiaticae*（1866）；（4）*Rhododendrae Asia Orientalis*（1870）；（5）*Monograph on Genus Lespedeza*（1873）；（6）*Enumeratio Plantarum Hucusque in Mongolia*（1889）；（7）*Sive Enumeratio Plantarum Regionis Tangut*（AMDO）*Provinciae Kansu, nec non Tibetiae Praesertim Orientaliborealis Atque Tsaidam*（1889）；（8）*Flora Tangutica*；（9）*Plantae Chinenses Potanianae*。

提要：他是收集中国东北及日本植物的第一人。他为圣彼得堡植物园采集了大量标本及种苗。西欧国家的标本多数由他鉴定。

生平事迹

二四、卡尔·路德维希·韦尔登诺

卡尔·路德维希·韦尔登诺 Carl Ludwig Willdenow（1765年8月22日—1812年7月10日）是德国植物学家、药剂师。

● **生平概览**

韦尔登诺被认为是植物地理学的创始人之一，研究植物的地理分布。韦尔登诺还是著名植物地理学家亚历山大·冯·洪堡（Alexander von Humboldt）的导师。他是现代积温理论的奠基人。1792年发表的《草药学概论及植物学史》为其代表作。1801年起，他担任柏林植物园园长直至去世。他的植物标本馆共保存了超过20000个物种的标本，现仍存在于柏林植物园内。他因对欧洲植物地理学的研究及山脉起源理论而著名。1801年，他当选为瑞典皇家科学院的外籍院士。

该植物学家的名字标准缩写为Willd.。

● **命名物种**

命名世界物种共计6947种。主要发表于以下刊物：（1）*Nomenclator Botanicus*；（2）*Species Plantarum*；（3）*Enumeratio Plantarum Horti Regii Botanici Berolinensis*；（4）*Enumeratio Plantarum Horti Regii Berolinensis*；（5）*Commentatio de Acaciis Aphyllis*。

命名中国植物257种（只占其世界范围内命名物种的极小一部分）。较为常见的植物有一品红、海滨山黧豆 *Lathyrus japonicus*、尖头叶藜 *Chenopodium acuminatum*、阿尔泰狗娃花 *Heteropappus altaicus* var. *altaicus*、橡胶树 *Hevea brasiliensis*、远志 *Polygala* tenuifolia、黄背草 *Themeda japonica*、紫檀 *Pterocarpus indicus*、列当 *Orobanche coerulescens*、博落回 *Macleaya cordata*、象牙树 *Diospyros ferrea*、叶子花 *Bougainvillea spectabilis*、平车前 *Plantago depressa*、鸦葱 *Scorzonera austriaca*、小花鬼针草 *Bidens parviflora*、白花蛇舌草 *Hedyotis diffusa*、大籽蒿 *Artemisia sieversiana*、刺儿菜 *Cirsium setosum*、地锦 *Euphorbia humifusa*、石栗 *Aleurites moluccana*、火绒草 *Leontopodium leontopodioides*、独行菜 *Lepidium apetalum*、葛 *Pueraria lobata*、赤豆 *Vigna angularis*、茅膏菜 *Drosera peltata*。

纪念物种

卡尔·彼得·桑伯格（Carl Peter Thunberg）在 *D. D. Restio quem Dissertatione Botanica* 上设立了属 *Willdenowia* 以表示纪念。

安东尼奥·约瑟夫·卡瓦尼尔（Antonio Joseph Cavanilles）在 *Icones et Descriptiones Plantarum, quae aut Sponte* 上设立了硬果灯草属 *Willdenowa* 以表示纪念。

以 *willdenowii* 等为种加词命名的物种是对其纪念。以 *willdenowiana* 为种加词命名的物种有 39 个。以 *willdenowianum* 为种加词命名的物种有 7 个。以 *willdenowianus* 为种加词命名的物种有 5 个。

学术著作

（1）《林奈植物园》；（2）《柏林植物志》；（3）《植物学自学指导》；（4）《苋科演化》；（5）《植物志》；（6）《柏林植物纲要》；（7）《柏林栽培木本植物》；（8）《森林学家及植物学爱好者的德国木材图解》；（9）《贝岭石斛》；（10）《草药学概论及植物学史》。

生平事迹

二五、卡尔·彼得·桑伯格

卡尔·彼得·桑伯格 Carl Peter Thunberg(1743年11月11日—1828年8月8日)是瑞典博物学家、植物学家、探险家、动物学家、医生。

● 生平概览

桑伯格是林奈的弟子,是研究日本植物的专家,被称为"日本植物学之父",有日本林奈的称号。他曾在南非与弗朗西斯·马森合作采集考察。其代表作是《日本植物志》。他的名言"认清自然万物的神奇瑰伟,以谦恭之诚考量其壮阔,并合理审慎地利用它"是我们今天保护自然的理论基础。1785年,桑伯格被授予瓦萨爵士勋位。1815年,桑伯格被授予瓦萨爵士勋位序列中的指挥官称号,是第一位获得此荣誉的科学家。

该植物学家的名字标准缩写为Thunb.。

● 命名物种

共命名世界物种3095种。主要发表于以下刊物:(1)*Flora Capensis edidit et praefatus est J. A. Schultes*;(2)*Prodromus Plantarum Capensium, quas in Promontorio Bonae Spei Africes, Annis 1772—1775*;(3)*Flora Japonica Sistens Plantas Insularum Japonicarum*。

纪念物种

安德斯·贾汉·雷齐乌斯（Anders Jahan Retzius）在 *Physiographiska Salskapets Handlingar Stockholm* 上设立了山牵牛属 *Thunbergia* 以表示纪念。

海因里希·古斯塔夫·阿道夫·恩格勒（Heinrich Gustav Adolf Engler）在 *Botanische Jahrbücher für Systematik, Pflanzengeschichte und Pflanzengeographie* 上设立了属 *Thunbergiopsis* 以表示纪念。

以 *thunbergii* 为种加词命名的物种有298种之多。以 *thunbergiana* 为种加词命名的物种有50个。以 *thunbergianum* 为种加词命名的物种有12个。以 *thunbergianus* 为种加词命名的物种有12个。

主要著作

他于1784年编写出版了《日本植物志》（*Flora Japonica*）。他还出版了其他一系列学术著作，发表学术论文，督导293名学生完成毕业论文。

☞ 科学发现

1. 迪萨兰的发现

桑伯格于1773年发现迪萨兰属 *Uppsala*。他说道："这是我第一次见到这种美丽的兰花，也可能是最后一次。它是如此美丽，它是独一无二的。"

2. 创立桑伯格时钟

桑伯格注意到，日本的打更人会使用一些小盒子，盒子里放着日本莽草的树皮，树皮点燃之后，会缓慢匀速地烧成灰，这样他们就能根据所剩树皮和灰烬来推算时间。

提要：桑伯格是一个乐观、易相处的人。他与马森一起在帕尔山考察后，前往日本。他是个医生，医术很高，很受日本人欢迎。他从1776年开始在日本大量采集植物。

生平事迹

二六、卡尔·冯·林奈

卡尔·冯·林奈 Carl von Linné（1707年5月23日—1778年1月10日）是瑞典植物学家、医生和动物学家。

● **生平概览**

林奈创立了双名命名法，即命名生物的现代系统，被称为"现代分类学之父"。他首先构想出定义生物属种的原则，并创造出统一的生物命名系统。

该植物学家的名字标准缩写为 Linn 或 L.。

● **命名物种**

林奈发表的新物种很多，均记载于《植物种志》一书中，其中植物种类有7700种。命名人写为"Linn"或"L."的植物均为林奈所命名的物种。

● **纪念物种**

北极花属 Linnaea 又称林奈木属，是为纪念他而设的。

● **主要著作**

1735年出版《自然系统》(Systema Naturae)；1737年出版《植物属志》(Genera Plantarum)；1753年出版《植物种志》(Species Plantarum)。

☞获得的荣誉

18世纪生物学的进步是和林奈紧紧相连的。林奈是近代生物学,特别是植物分类学的奠基人。瑞典政府为纪念林奈这位杰出的科学家,先后建立了林奈博物馆、林奈植物园等,并于1917年成立了瑞典林奈学会。他的肖像被印在100瑞典克朗纸币的正面,他的手稿和搜集的动植物标本都被保存,美国芝加哥大学内还有他的全身雕像。2007年,为纪念林奈诞辰300周年,瑞典政府将2007年定为"林奈年",活动主题为"创新、求知、科学",旨在激发青少年对自然科学的兴趣。法国著名思想家、哲学家、文学家卢梭曾托人向林奈转达他的赞赏:"请转告他,在这世上我认识的人中,没有比他更伟大的人了。"

1. 林奈与林奈木

在地球北温带的针叶阔叶混交林内,生长着一种忍冬科的四季常青的低矮小灌木,只有2根火柴高,纤细的茎上长着4枚近似圆形的小叶,它的名字就叫林奈木,又称林奈草。林奈木取自林奈的名字。1730年,林奈到瑞典北部偏僻的拉帕兰地区考察和采集植物标本。这次考察,他发现了100多种新植物。考察结束后,他根据植物的亲缘关系,归纳整理,分门别类,于1737年写成了著名的植物分类学巨著《植物属志》,创造了世界植物史上一种新的命名法。这种命名法至今仍通用。

瑞典国家科学院为表彰他在分类学方面的巨大建树,特将当地所产忍冬科植物里的一个属以林奈的名字命名,称林奈木属。林奈选择了前述低矮的灌木(命名为林奈木)作为林奈木属的代表性植物,意在表示自己只是沧海之一粟。这体现了这位科学家虚怀若谷的伟大胸怀。这种酷似小草的灌木,随着林奈的名字而传扬四方。

2. 双名命名法

双名命名法是用两个词来为植物命名,第一个词为"属名"(名词),首字母要大写,可以视为植物的"姓";第二个词为"种加词"(形容词),通常所有字母都小写,可视为植物的"名"。于是,属名+种加词就构成了植物一个完整的"双名"名称。举个例子,林奈给银杏起的拉丁名是 *Ginkgo biloba*,第一个词 *Ginkgo* 是银杏属的属名(来自日语"银杏"一词的拼音),第二个词 *biloba* 则是银杏的种加词(意为"二裂的",指银杏的叶片常常裂为两瓣)。再如,桃的拉丁名是 *Prunus persica*,第一个词 *Prunus* 是李属的属名,第二个词 *persica* 是桃的种加词,意为"波斯的",所以这个名字直译是"波斯李"(不过,这个说法并不准确,因为波斯的桃最早是从中国传过去的)。杏的拉丁名则是 *Prunus armeniaca*,

第一个词也是李属的属名(桃和杏同"姓"),第二个词意为"亚美尼亚的",因为当时的欧洲人相信杏树起源于亚美尼亚地区。至于欧洲的李子,它的"姓"是 Prunus,"名"则是 domestica,意为"家养的",表明欧洲李是一种栽培植物。

生平事迹

二七、卡尔·威廉·冯·内格利

卡尔·威廉·冯·内格利 Carl Wilhelm von Nägeli（1817年3月26日—1891年5月10日）是瑞士植物学家。

● 生平概览

内格利主要研究细胞分裂和授粉，但后来被称为阻止孟德尔进一步研究遗传学的人。他反对将自然选择作为一种进化机制，而赞成由一种假定的"内在完善原则"驱动的法则。他的工作到达了科学的各个方面，包括系统植物学、形态学、解剖学、化学和物理生理学、遗传和系统理论以及组织学理论。

该植物学家的名字标准缩写为 Nägeli。

● 命名物种

命名世界物种共计249种。主要发表于以下刊物：（1）*Cir. Schweiz.*；（2）*Hieracien Mittel-Europas*；（3）*Verhandlungen der Kaiserlich-Koniglichen Zoologisch-Botanischen Gesellschaft in Wien*；（4）*Naturlichen Pflanzenfamilien*；（5）*Bulletin de L'Herbier Boissier*。

● 纪念物种

以 *nagelii*、*nageliana* 为种加词命名的物种是对其纪念。

约翰·林德利（John Lindley）在 *Edwards's Botanical Register* 上设立了属 *Nagelia* 以表示纪念。

● 主要著作

在《科学植物学杂志》上发表了一系列论文，如《较新的藻类系统》(1847)、《单细胞藻类属》(1849)、《卡尔·爱德华·克莱默的植物生理学研究》(1855—1858)、《对科学植物学的贡献》(1858—1868)等。他还发表了《植物通讯》(1861—1881)、《机械生理学理论》(1884)等。

☞ 其他成果

内格利和雨果·冯·莫尔（Hugo von Mohl）是最早将植物细胞壁与内在物质区分开来的科学家，该内在物质于1846年被命名为原生质。内格利认为细胞从一部分原生质中获得了遗传特征。

内格利还创造了术语"分生组织""木质部""韧皮部"(1858年)。

他和霍夫迈斯特（Hofmeister）共同提出了"顶端细胞理论"(1846年)，旨在解释植物茎尖分生组织的起源和功能。

生平事迹

二八、锡德里克·埃罗尔·卡尔

锡德里克·埃罗尔·卡尔 Cedric Errol Carr（1892—1936）是新西兰植物学家，专门研究兰花。

● **生平概览**

卡尔是世界兰科植物专家，写了多部兰科植物著作，如《兰花授粉笔记》《一些马来兰花》《贝母兰》《兰花杂交注意事项》等。命名世界物种200余种，中国的很多种竹子是他命名的。

该植物学家的名字标准缩写为Carr。

● **命名物种**

命名世界物种共计205种。主要发表于以下刊物：(1) *Gardens' Bulletin*；(2) *Journal of the Malayan Branch of the Royal Asiatic Society*。

命名中国物种：齿叶木犀 *Osmanthus fortunei*、飘带石豆兰 *Bulbophyllum haniffii*、粉绿竹 *Phyllostachys viridi-glaucescens*、川竹 *Pleioblastus simonii*、小叶杨 *Populus simonii*、秦岭小叶杨 *Populus simonii* var. *tsinlingensis*、曲竿竹 *Phyllostachys flexuosa*、毛竹 *Phyllostachys heterocycla*、人面竹 *Phyllostachys aurea*、金竹 *Phyllostachys sulphurea*。

● **纪念物种**

以 *carrii*、*carrianum*、*carriana* 为种加词命名的物种是对其纪念。

二八、锡德里克·埃罗尔·卡尔

● 主要著作

（1）*Orchid Pollination Notes*（1928）；（2）*Notes on Hybridisation of Orchids*（1932）；（3）*Some Malayan Orchids*（1933）；（4）*Coelogyne Zurowetzii*（1934）；（5）*On a Collection of Orchids from the Solomon Islands*（1934）。

生平事迹

二九、查尔斯·爱德华·哈伯德

查尔斯·爱德华·哈伯德 Charles Edward Hubbard（1900年5月23日—1980年5月8日）是英国植物学家。

● **生平概览**

哈伯德专门从事草学的农业生物学研究，是世界禾本科植物专家。在他生活的时代，他被认为是"草的分类研究权威"，代表著作为《草》(*Grasses*)。

该植物学家的名字标准缩写为 C. E. Hubb.。

● **命名物种**

命名世界物种共计589种。主要发表于以下刊物：(1) *Indian Forest Records*；(2) *Journal of Ecology*；(3) *Bulletin of Miscellaneous Information, Royal Gardens, Kew*；(4) *Flora of West Tropical Africa*；(5) *Kew Bulletin*。

命名中国物种：牛鞭草 *Hemarthria altissima*、假牛鞭草 *Parapholis incurva* 等。

● **纪念物种**

以 hubbardii、hubbardianus、hubbardianum、hubbardiana 为种加词命名的物种是对其纪念。

诺曼·洛夫特斯·博尔（Norman Loftus Bor）在 *Kew Bulletin* 上设立了属 *Hubbardia* 以表示纪念。

保罗·亨利·奥基耶（Paul Henri Auquier）在 *Bulletin du Jardin Botanique National de Belgique* 上设立了属 *Hubbardochloa* 以表示纪念。

● **主要著作**

哈伯德发表了一系列著作与论文,主要介绍欧洲和热带非洲的禾本科植物。影响较大的是他的科普书籍《草》及《不列颠群岛植物的结构、识别、使用和分布指南》。

生平事迹

三〇、查尔斯·埃德温·贝西

查尔斯·埃德温·贝西 Charles Edwin Bessey（1845年5月21日—1915年2月25日）是美国植物学家。

生平概览

贝西为现代系统发育学的始祖。其著作《被子植物的系统发育分类学》奠定了现代系统发育分类学研究的基础,影响了包括哈钦松、塔赫他间、克朗奎斯特等人。他认为螺旋状排列、巨大的两性花结构的木兰科是被子植物最原始类群。贝西还与哈钦松一起创立了真花学说。

该植物学家的名字标准缩写为 Bessey。

命名物种

Rorippa curvisiliqua。

纪念物种

每·阿克塞尔·里德白（Per Axel Rydberg）在 *Bulletin of the Torrey Botanical Club* 上设立了属 *Besseya* 以表示纪念。

以 *besseyi*、*besseyana* 为种加词命名的物种是对其纪念。

三〇、查尔斯·埃德温·贝西

● **主要著作**

（1）*The Geography of Iowa*（1878）；（2）*Botany for High Schools and Colleges*（1880）；（3）*Revision of McNab's Botany*（1881）；（4）*The Essentials of Botany*（1884）；（5）*Elementary Botany*（1904）。

> **贝西系统简介**
>
> 贝西（Bessey）系统创立于1915年。贝西系统基于德堪多、边沁、胡克、哈利尔的系统，还受到达尔文和华莱士的影响。他经常说"分类法必须基于进化原理"。像韦特斯坦一样，他将毛茛目（Ranales）放在被子植物的起源处。他认为种子植物具有多系起源，由三个不同的门组成，其中他只研究花被植物（同名被子植物）。他在单子叶植物和双子叶植物的子类中使用了相同的名称，这与当代的植物命名规则相反（要求名称必须是唯一的）。贝西实际上使用了限定的连字符，但这种区别并不总是在贝西系统中得到认可。经过一些修改，大多数现代分类法，例如克朗奎斯特、塔赫他间、斯坦宾和索恩系统等基本遵循贝西系统。

生平事迹

三一、查尔斯·罗伯特·达尔文

查尔斯·罗伯特·达尔文 Charles Robert Darwin（1809年2月12日—1882年4月19日）是英国博物学家、地质学家和生物学家。

● **生平概览**

查尔斯·罗伯特·达尔文最著名的研究成果是进化论，认为天择演化，解释了适应的原因，并指出所有物种都是从少数共同祖先演化而来的。到了19世纪30年代，达尔文的理论成为对演化机制的主要诠释，并成为现代演化思想的基础，在科学上可对生物多样性进行一致且合理的解释，是现今生物学的基石。

该植物学家的名字标准缩写为 Darwin。

● **命名物种**

Aldrovanda vesiculosa var. *australis*、*Aldrovanda vesiculosa* var. *verticillata*、*Cistus tricuspis*、*Posoqueria fragrans*。

1834年6月，达尔文往英国寄去了采集到的大量博物学标本和化石，他还找到了大片的倒挂金钟。

1835年9—10月，达尔文独自一人考察了四座火山岛，在考察中，达尔文收集了193株植物，其中100种花卉是只有当地才有的新物种。

三一、查尔斯·罗伯特·达尔文

● 纪念物种

奥古斯特·威廉·邓施泰得（August Wilhelm Dennstedt）在 *Schluess. Malb.* 上设立了长柱蜡花属 *Darwinia* 以表示纪念。

● 主要著作

《给亨斯洛教授的信件之摘要》《塔希提与新西兰等地区的道德状况报告》《珊瑚礁的结构与分布》《火山群岛的地质观察》《南美州地质观察》《地质学》《蔓足亚纲》《茗荷科化石》《藤壶科与花笼科》《讨论物种形成变异的趋向》《变异的永久性和物种受选择的自然意义》《物种起源》《不列颠与外国兰花经由昆虫授粉的各种手段》《动物和植物在家养下的变异》《人类与动物的感情表达》《攀援植物的运动和习性》《食虫植物》《异花受精与自体受精在植物界中的效果》《同种植物的不同花型》《序言与"预告"》《植物运动的力量》《腐殖土的产生与蚯蚓的作用》《花和昆虫的关系》《随小猎犬号航行考察》。

☞ 达尔文科研故事

一、大彗星兰的故事

这是一个与进化论有关的著名案例。达尔文在出版了著名的《物种起源》后，开始对居住地附近的兰花及其授粉昆虫进行研究。他认为兰花与为其授粉的昆虫具有协同进化的关系。1862年1月，达尔文收到一份来自马达加斯加的兰花标本——大慧星兰，其唇瓣后延形成的距长达30cm。这份标本一下子吸引了达尔文的注意。根据对兰花与传粉昆虫的研究，达尔文断言在该兰花原产地应该生存着一种喙长接近30cm的天蛾为其传粉。1903年，在达尔文去世21年后，人们在马达加斯加发现了一种喙长25cm的天蛾，它正是大慧星兰的传粉者，该天蛾因此得名"预测天蛾"（*Xanthopan morganii praedicta*），而大彗星兰也被称为"达尔文兰"。

二、达尔文月季

它于2001年在英国培育成功，由达尔文的名字命名。

三、达尔文与甲虫

1828年的一天，在伦敦郊外的一片树林里，达尔文正围着一棵老树转悠。

突然,他发现将要脱落的树皮下有虫子在蠕动,于是急忙剥开树皮,发现两只奇特的甲虫正急速地逃跑。达尔文马上把它们抓在手里,观察起来。正在这时,树皮里又跳出一只甲虫。他措手不及,迅速把一只手里的甲虫塞进嘴里,伸手把第三只甲虫抓了过来。看着这些奇怪的甲虫,达尔文爱不释手,早把嘴里的那只甲虫给忘记了。嘴里的那只甲虫便放出一股辛辣的毒汁,把达尔文的舌头蜇得又麻又痛。后来,人们把达尔文首先发现的这种甲虫命名为"达尔文甲虫"。

四、达尔文与食虫植物茅膏菜

1860年,达尔文和妻子艾玛意外地发现了茅膏菜。兰花靠昆虫传粉,而茅膏菜却以昆虫为食!茅膏菜生有肉乎乎、毛茸茸的叶片(直径约1cm),是一种食虫植物。茅膏菜叶子受到猎物触碰的刺激后,能把苍蝇和蜘蛛等猎物卷进去,并分泌出黏液将其消化掉,宛若食虫动物一样。他对茅膏菜叶片具有如此灵敏的捕虫机制充满了好奇,便在自家温室里培植了茅膏菜,并花了很多时间认真观察和进行实验。比如,他把各种物件放到叶片上,观察它用黏糊糊的腺毛把物件包裹起来。他还用生肉、蛋黄、驼毛刷、氯仿等去刺激茅膏菜叶片。令达尔文惊奇不已的是,尽管茅膏菜叶片在一根毛发的触碰下就能产生反应,却对高处落下的水滴"无动于衷"。他认为,这应是一种适应性行为,即不会对雨水这类"假警报"做出反应。此外,他还通过实验证实了茅膏菜的"神经"是伴随着维管束分布的,并著有巨著《食虫植物》。

五、达尔文与攀援植物

达尔文试图在生物演化论的框架下,探索攀援植物这一类有趣的植物,并写成了巨著《攀援植物的运动和习性》。他研究了42种攀援植物,将它们分成缠绕植物、叶攀援植物、带卷须植物、具钩刺附属器官和根系攀援植物四种类型,并分别加以详尽的论述。对缠绕植物,达尔文注意到了它们的"手性",即大多数有着不同的固定缠绕方向。比如,牵牛花、四季豆、丝瓜、山药等,缠绕方向为逆时针方向(即左旋缠绕);而金银花、鸡血藤等,缠绕方向则为顺时针方向(即右旋缠绕);还有一些缠绕植物并无固定缠绕方向,比如何首乌等。达尔文猜想这些不仅可能与攀援植物适应生长环境、为了获得更多的阳光雨露有关,而且可能与生长激素的分布也有关。但限于当时的研究水平,他无法确知真实原因。然而,他在书中颇有信心地指出:"通常认为植物有别于动物,在于植物缺乏运动能力。我认为正确的表述应该是,植物只有在运动对其有利时,才会获得和展示这种能力。由于它们固着于地表,空气和水带给它们食物,因此相对来说,它们不太需要运动的能力。"显然,达尔文把攀援植物的运动能力归结于自然选择下的环境适应。

因此,这是支持他的生物演化论的。

六、达尔文与兰花

达尔文在温室里种植了许多兰科植物,分析兰花的品种以及它们的特殊构造。他观察到兰花有几个雄蕊,而只有一个雌蕊。花粉是非常小的颗粒,大部分结成花粉团。柱头也只有一个。柱头上部有一个黏性很强的洼窝,叫蕊喙。花冠由3片花瓣组成,其中有一唇瓣,大而突出,色彩艳丽。有几种兰花的唇瓣弹性很强。当蜜蜂触及兰花的唇瓣时,唇瓣便自动翘起,把花封闭,只留一点空隙,被裹在里面的蜜蜂从这里钻出来,就沾上一身花粉,带给雌花。达尔文用了9个月时间,对各种兰花结构进行分析归纳,完成了《花和昆虫的关系》等一系列论文。他就异花传粉这个问题做了11年的试验,收集关于风媒和虫媒花对异花传粉的适应性的各种资料,写了《同种植物的不同花型》等专著,对植物开花生理机制方面的研究做了重大贡献。

生平事迹

三二、查尔斯·斯普拉格·萨金特

查尔斯·斯普拉格·萨金特 Charles Sprague Sargent（1841年4月24日—1927年3月22日）是一位擅长研究树木的美国植物学家。

● 生平概览

萨金特对植物学有天赋，特别对树木学颇有造诣。1872年，他被任命为位于哈佛大学阿诺德树木园的第一任馆长，并一直担任这一职务直至去世。他出版了几部植物学著作。他对美国森林保护做出巨大贡献，主张在"荒野"状态下保护森林。他促成了美国植物学家与东方植物学家的联系，派遣了威尔逊等来华采集。

该植物学家的名字标准缩写为Sarg.。

● 命名物种

命名世界物种共计1288种。主要发表于以下刊物：(1) *Journal of the Arnold Arboretum*；(2) *Garden and Forest*；(3) *Botanical Gazette*；(4) *Report on the Forests of North America*；(5) *Mitteilungen der Deutschen Dendrologischen Gesellschaft*。

命名中国物种：铁木 *Ostrya japonica*、山核桃 *Carya cathayensis*、鹅掌楸 *Liriodendron chinense*、湖北山楂 *Crataegus hupehensis* 等多数物种由他命名。

三二、查尔斯·斯普拉格·萨金特

● **纪念物种**

以 *sargentii*、*sargentiana* 为种加词命名的物种是对其纪念。

阿尔弗雷德·雷德尔（Alfred Rehdor）在 *Plantae Wilsonianae* 上设立了大血藤属 *Sargentodoxa* 以表示纪念。

赫尔曼·温德兰（Hermann Wendland）、卡尔·乔治·奥斯卡·德鲁德（Carl Georg Oscar Drude）、卡尔·萨洛蒙（Carl Salomon）在 *Die Palmen* 上设立了属 *Sargentia* 以表示纪念。

● **主要著作**

（1）*Catalogue of the Forest Trees of North America*（1880）；（2）*Pruning Forests and Ornamental Trees*（1881）；（3）*Reports on the Forests of North America*（1884）；（4）*The Woods of the United States, with an Account of their Structure, Qualities, and Uses*（1885）；（5）*The Silva of North America*（1882—1888）；（6）*A Naturalist in Western China*；（7）*Forest Flora of Japan: Notes on the Forest Flora of Japan*；（8）*The Bradley: Bibliography Arboriculture Economic Properties of Woody Plants*（1915）；（9）*Manual of the Trees of North America*。

> ☞**萨金特的东方愿景：北美东部与中国植物区系体系**
>
> 萨金特在哈佛大学就读期间，是著名植物学家阿萨·格雷（Asa Gray）的学术继承人。格雷的植物区系理论成为日后萨金特将包括藏区在内的中国植物引种至北美大陆的基础。在1888年为格雷的悼词中，萨金特指出："格雷教授首次在学界提出，北美东部与日本植物区系的岛屿相似性理论，通过追溯北极圈区域内从远古植物到第三纪各地质年代的植物，阐释了整个北半球植物分布的特殊性。格雷教授的这一论述对植物学界可谓影响巨大。"对萨金特而言，格雷的理论提出了一种可能性，即东亚地区的植物最易于适应新英格兰地区的气候环境。1892年，萨金特结束了两个月的日本考察，携带着大量植物种子、标本返回波士顿。基于此次调查，萨金特发表了著名的《日本森林植物区系》一文。
>
> 1899年，萨金特聘请植物学家威尔逊前往中国采集植物。这成为阿诺德植物园中国植物栽培研究的里程碑，也为哈佛大学阿诺德树木园的东部藏区植物考察拉开了序幕。

☞自然保护的创始人之一

　　萨金特主张保护原始生态环境,而不主张开发性保护。萨金特希望森林得到军队的保护。吉福德·平肖特(自然保护之父)想要建立一支专业的民兵部队。相关部门平衡了萨金特和吉福德·平肖特的观点,建立了一支比民兵专业的队伍负责森林的保护与管理。

　　阿迪朗达克森林保护区是于1885年创建的。这是由对阿迪朗达克山脉广泛的森林砍伐和工业增长的担忧而引起的保护运动。萨金特与维普朗克·科尔文、富兰克林·霍夫等保护主义者倡导将阿迪朗达克地区作为一个广阔的公园进行保护。

生平事迹

三三、克里斯蒂安·亨德里克·佩尔松

克里斯蒂安·亨德里克·佩尔松 Christiaan Hendrik Persoon（1761年2月1日—1836年11月16日）是德国植物分类学家、真菌学家。

● 生平概览

佩尔松是世界真菌研究的权威，被认为是系统真菌学之父。代表作有《真菌学方法》《植物总纲》《真菌概要》。其关于真菌分类的研究弥补了林奈在真菌学命名分类上的不足。

该植物学家的名字标准缩写为 Pers.。

● 命名物种

命名世界维管植物：共计2085种。主要发表于以下刊物：*Synopsis Plantarum*。

命名中国维管植物：多数眼子菜属物种、豆科物种、罂粟科物种由他命名。

命名真菌：白锈菌属 *Albugo*、鹅膏菌属 *Amanita*、钉灰包属 *Battarrea*、灰球菌属 *Bovista*、笼头菌属 *Clathrus*、腐霉菌属 *Coprinus*、皮质菌属 *Corticium*、丝膜菌属 *Cortinarius*、喇叭菌属 *Craterellus*、黑蛋巢菌属 *Cyathus*、迷孔菌属 *Daedalea*、黏液菌属 *Fuligo*、地星属 *Geastrum*、地舌菌属 *Geoglossum*、地杯菌属 *Geopyxis*、地霉属 *Geotrichum*、钉菇属 *Gomphus*、裸脚菇属 *Gymnopus*、猴头菌属 *Hericium*、棒束孢属 *Isaria*、锤头菌属 *Leotia*、环柄菇属 *Lepiota*、马勃属 *Lycoperdon*、灯塔蘑菇属 *Mitrula*、小菇属 *Mycena*、裂齿菌属 *Odontia*、团囊菌属 *Onygena*、鬼笔属 *Phallus*、绒泡菌属 *Physarum*、卧孔菌属 *Poria*、柄锈菌属 *Puccinia*、红菇属 *Russula*、硬皮马勃属 *Scleroderma*、干朽菌

属 *Serpula*、地匙菌属 *Spathularia*、弹球菌属 *Sphaerobolus*、韧革菌属 *Stereum*、点盘菌属 *Stictis*、柄灰锤属 *Tulostoma*、黑粉菌属 *Utilgo*。

● 纪念物种

以 *persoonii*、*persooniana*、*persoonianum* 为种加词命名的物种是对其纪念。

詹姆斯·爱德华·史密斯(James Edward Smith)在 *Transactions of the Linnean Society of London* 上设立了一个澳大利亚小乔木和灌木属 *Persoonia* 以表示纪念。

● 主要著作

（1）《真菌分离的新研究》；（2）《真菌观察》；（3）《真菌学方法》；（4）《真菌的图像和描述》；（5）《真菌概要》；（6）《图示稀有真菌物种》；（7）《稀有真菌图片》；（8）《食用蘑菇论》；（9）《植物总纲》。

提要：佩尔松是世界上最著名的真菌专家之一。其代表作《植物总纲》中共描述了20000种植物，《真菌概要》使他成为真菌研究权威。其创立的真菌分类方法在现代依然适用，并将林奈的双名命名法应用于真菌。

生平事迹

三四、克里斯蒂安·戈特弗里德·丹尼尔·尼斯·冯·埃森贝克

克里斯蒂安·戈特弗里德·丹尼尔·尼斯·冯·埃森贝克 Christian Gottfried Daniel Nees von Esenbeck（1776年2月14日—1858年3月16日）是德国植物学家、动物学家、菌类学家、自然哲学家和政治家，还是波恩植物学创始人。

● 生平概览

作为歌德、洪堡、达尔文的后续研究者，埃森贝克与当时最重要的科学家有着密切的联系。埃森贝克被任命为德国植物园的第一任园长。之后，埃森贝克一直任德国自然科学院院长。他描述了约7000种植物，173种植物以他的名字命名。除了植物学和动物学著作外，埃森贝克还发表了诸如《思辨哲学体系》等。他最著名的作品是关于真菌的。他被认为是草类、苔藓类、蕨类、蘑菇和藻类分类之父，并对莎草科和禾本科等科的描述做出了许多贡献。

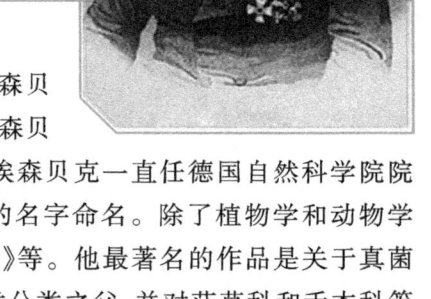

该植物学家的名字标准缩写为Nees。

● 命名物种

命名世界物种共计6568个物种。埃森贝克主要研究刺五加、糖醋栗及相应的科、属。

命名物种主要发表于以下刊物：（1）*Wight. Contrib.*；（2）*Contributions to the Botany of India*；（3）*Flora Brasiliensis*；（4）*Ein Journal für die Botanik in Ihrem Ganzen Umfange*；（5）*Botany of Captain Beechey's Voyage*；（6）*Flora Oder (Allgemeine)*

Botanische Zeitung。

命名中国物种：碱菀 *Tripolium vulgare*、穿心莲 *Andrographis paniculata*、阴香 *Cinnamomum burmanni*、爵床 *Rostellularia procumbens*、乳菀 *Galatella punctata*、板蓝根 *Baphicacanthus cusia*、翠菊 *Callistephus chinensis* 等。

● 纪念物种

库尔特·波利卡普·约阿希姆·施普伦格尔（Kurt Polycarp Joachim Sprengel）在 *Anleitung zur Kenntniss der Gewachse* 上设立了毛榴梿属 *Neesia* 以表示纪念。

玛格丽特·卢瑟福·布莱恩·莱文恩（Margaret Rutherford Bryan Levyns）在 *Journal of South African Botany* 上设立了属 *Neesenbeckia* 以表示纪念。

以 *neesii* 为种加词命名的物种是对其纪念。以 *neesiana* 为种加词命名的物种有93个。以 *neesianum* 为种加词命名的物种有17个。以 *neesianus* 为种加词命名的物种有9个。

● 主要著作

（1）*De Cinnamomo Disputatio*（1843）；（2）*Agrostologia Brasiliensis*（1829）；（3）*Genera et Species Asterearum*（1833）；（4）*Systema Laurinarum*（1836）；（5）*Florae Africae Australioris Illustration Monographicae Gramineae*（1841）；（6）*Die Algen des süßen Wassers, nach Ihren Entwickelungsstufen Dargestellt*（1814）；（7）*Das System der Pilze und Schwämme*（1816）；（8）*Naturgeschichte der Europäischen Lebermoose mit Erinnerungen aus dem Riesengebirge*（1833—1838）；（9）*Bryologia Germanica*（1823—1831）；（10）*Synopsis Hepaticarum*（1844—1847）；（11）*Ichneumonibus Affinium Hymenopterorum Ichneumonibus Affinium Monographiae*（1834）；（12）*System der Spekulativen Philosophie*；（13）*Die Naturphilosophie*（1841）；（14）*Die Allgemeine Formenlehre der Natur*（1852）；（15）*Vorlesungen zur Entwickelungsgeschichte des Magnetischen Schlafs und Traums*（1820）。

生平事迹

三五、克里斯蒂安·霍勒斯·贝内迪克特·阿尔弗雷德·莫昆-坦登

克里斯蒂安·霍勒斯·贝内迪克特·阿尔弗雷德·莫昆-坦登 Christian Horace Benedict Alfred Moquin-Tandon（1804年5月7日—1863年4月15日）是法国动物学家、植物学家、自然历史学家、医生、文学家。

● **生平概览**

莫昆-坦登于1829—1833年取得医学博士学位，1829—1830年任马赛雅典娜学院的动物学教授，1838—1852年任命植物学教授和图卢兹植物园园长。他也是一位杰出的文学家。他命名世界物种1200余种，主要研究藜科和苋科。代表作是《植物元素》。

该植物学家的名字标准缩写为Moq.。

● **命名物种**

命名世界物种共计1240种。主要发表于以下刊物：（1）*Prodromus Systematis Naturalis Regni Vegetabilis*；（2）*Annales des Sciences Naturelles*；（3）*Genera Plantarum ad Exemplaria Imprimis in Herbariis Kewensibus*；（4）*Apuntes de Historia Natural Buenos Aires*。

命名中国物种：许多苋科、藜科物种由他命名。

● **纪念物种**

安东·施普伦格尔（Anton Sprengel）在 *Tentamen Supplementi ad Systematis*

Vegetabilium, *Linnaeani Editionem Decimam Sextam* 上设立了属羊耳菊属 *Moquinia*（现已改为 *Duhaldea*）。

纪念他的物种名包括以 *moquinii*、*moquinianus*、*moquinianum*、*moquiniana* 为种加词命名的物种。

主要著作

（1）《植物畸形学》；（2）《医学动物学的要素》；（3）《植物元素》；（4）《法国陆生和河流软体动物的自然历史》；（5）《假木贼属新种的描述》；（6）《苋科》；（7）《单瓜藜举例》；（8）《猪毛菜科》；（9）《盐蓬属植物备考》。

> ☞ **发表的动物物种**
>
> （1）小豆螺属 *Bythinella*；（2）斯里兰卡山蛭（模式亚种）*Haemadipsa zeylanica zeylanica*；（3）天目山蛭 *Haemadipsa tianmushana*；（4）西班牙蛞蝓 *Arion vulgaris*。

生平事迹

三六、康斯坦丁·塞缪尔·拉菲内克

康斯坦丁·塞缪尔·拉菲内克 Constantine Samuel Rafinesque（1783年10月22日—1840年9月18日）是美国植物学家、动物学家等。

● 生平概览

拉菲内克博学多才。他年轻时在美国旅行，最终于1815年在俄亥俄州定居。在那里，他在植物学、动物学和北美史前土木工程研究方面做出了杰出的贡献。此外，他在古代中美洲语言学研究方面也做出了贡献。拉菲内克经常被描绘成一个"古怪的天才"。他在人类学、生物学、地质学和语言学等领域撰写了大量文章，但一生中没有获得任何荣誉。今天，学者们一致认为，他在许多领域的研究远远领先于他的时代。他的理论之一是美洲原住民的祖先是从亚洲经由白令海峡迁移到北美洲的。

他发表了约6700种植物的双名命名法名称。他所命名的植物和动物新分类群的数量，使他在生物学家中出类拔萃。

拉菲内克在研究了探险队收集的标本后，对黑尾草原土拨鼠（*Cynomys ludovicianus*）、白足鼠（*Peromyscus leucopus*）和黑尾鹿（*Odocoileus hemionus*）进行了命名。

该植物学家的名字标准缩写为Raf.。

● 命名物种

命名世界物种共计8246种。主要发表于以下刊物：（1）*New Flora and*

Botany of North America；(2) Flora Telluriana；(3) Annals of the New York Academy of Sciences；(4)Atlantic Journal, and Friend of Knowledge；(5)Good Book, and Amenities of Nature, or Annals of Historical and Natural Sciences。

命名中国物种：长柄石柑 Pothos chinensis var. lotienensis、梁子菜 Erechtites hieraciifolius、凤凰木 Delonix regia、东北柳叶菜 Epilobium ciliatum、石柑子 Pothos chinensis、矮狐尾藻 Myriophyllum humile、美丽白花菜 Cleome speciosa、枳 Poncirus trifoliata、石柑子 Pothos chinensis var. chinensis。

纪念物种

1841年，托马斯·纳托尔(Thomas Nuttall)命名了一个新的属蓝花楹属 Rafinesquia。1892年，詹姆斯·哈勒(James Hall)和J. M. 克拉克(J. M. Clarke)提出了 Rafinesquina 的属名，以作纪念。

以 rafinesquei 为种加词命名的物种有12个。以 rafinesqueiana 为种加词命名的物种有1个。

主要著作

(1)Caratteri di Alcuni Nuovi Generi e Nuove Specie di Animali e Piante Della Sicilia(1810)；(2)Florula Ludoviciana(1817)；(3)Dissertation on Water-Snakes(1819)；(4)Annals of Kentucky(1824)；(5)Medical Flora: A Manual of the Medical Botany of the United States of North America(1828—1830)；(6)Herbarium Rafinesquianum(1833)；(7)A Life of Travels and Researches in North America and South Europe(1836)；(8)New Flora and Botany of North America(1836—1838)；(9)Safe Banking(1837)；(10)Notes to Thomas Wright's Original Theory(1837)；(11)Sylva Telluriana(1838)。

> ☞ **进化方面的研究**
>
> 拉菲内克是最早在描述生物物种形成的背景时使用"进化"一词的人。他在达尔文之前就提出了进化论。在1832年的一封信中，拉菲内克写道："事实是，随着时间的推移，物种，也许还有属，在有组织的生物中，是通过形状、形式和器官的逐渐偏离形成的。在遥远的不规则时期，植物和动物有一种偏离和

突变的趋势。这是万物永恒变化的伟大宇宙法则的一部分。因此，对新属、新种、新变种的争论和分歧是不必要的。每一个变种都是一种偏差，一旦它通过繁殖成为永久的，就会变成一个物种。基本器官的偏离可能逐渐成为新的属。"在1861年出版的《物种起源》第三版中，达尔文补充了一份承认拉菲内克思想的《历史札记》。拉菲内克的进化理论发表在1833年春季出版的《大西洋月刊》和《知识之友》（一本他自己创办的杂志）上的一篇两页的文章中。拉菲内克认为，物种不是固定不变的，它们会随着时间的推移而逐渐变化。他用了"突变"这个词。他还认为，进化是"在遥远的不规则时期逐步发生的"。这与间断平衡的概念作了比较。

生平事迹

三七、约翰·亨利·埃德雷德·科纳

约翰·亨利·埃德雷德·科纳 John Henry Edred Corner（1906年1月12日—1996年9月14日）是英国植物学家和真菌学家。

● 生平概览

科纳曾担任新加坡植物园的助理主任（1926—1946）和剑桥大学热带植物学教授（1965—1973）。从1959年开始，科纳任西德尼·苏塞克斯学院的研究员。他是世界真菌学家，确定担子在真菌鉴定中的作用。他创立了森林的榴莲理论，解释森林是如何进化成现在这种形式的。他是第一个证明真菌和苔藓植物之间密切关系的人。命名种子植物200余种，许多桑科植物是他命名的。

该植物学家的名字标准缩写为Corner。

● 命名物种

命名种子植物共计238种。主要发表于以下刊物：（1）*Gardens' Bulletin*；（2）*Wayside trees of Malaya*；（3）*Kew Bulletin*。

命名中国物种：许多桑科植物，特别是榕树属植物是他命名的。

三七、约翰·亨利·埃德雷德·科纳

● **纪念物种**

以 *corneri*、*correriana* 为种加词命名的物种是对其纪念。据报道,科纳并不支持用人来命名新物种的想法,但有 3 种真菌物种,2 个真菌属 *Corneroboletus*、*Corneroporus*,30 种植物物种以他的名字命名,如 *Anisophyllea corneri*、*Calamus corneri*、*Bulbophyllum corneri* 和 *Platyscapa corneri* 等。

博布罗夫(Bobrov)与梅利基扬(Melikyan)在 *Botanicheskii Zhurnal. Moscow & Leningrad* 上设立了属 *Corneria* 以表示纪念。

富尔塔多(Furtado)在 *Gardens' Bulletin* 上设立了属 *Cornera* 以表示纪念。

● **主要著作**

(1) *Wayside Trees of Malaya* (1940);(2) *A Monograph of Clavaria and Allied Genera* (1950);(3) *Wayside Trees of Malaya* (1952);(4) *The Life of Plants* (1964);(5) *Natural History of Palms* (1966);(6) *A Monograph of Cantharelloid Fungi* (1966);(7) *A Monograph of Thelephora* (1968);(8) *Boletus in Malaysia* (1972);(9) *The Seeds of Dicotyledons* (1976);(10) *The Freshwater Swamp-Forest of South Johore and Singapore* (1978);(11) *The Agaric Genera Lentinus, Panus, and Pleurotus: With Particular Reference to Malaysian Species* (1981);(12) *Wayside Trees of Malaya* (1988);(13) *Ad Polyporaceas Ⅵ: The Genus Trametes* (1989);(15) *Trogia (Basidiomycetes)* (1991)。

> ☞ **命名真菌**
>
> 许多大型真菌由科纳命名,如闭锁口蘑 *Tricholoma acutistramineum*、白纹毛状瘤 *Tricholoma atroscriptum*、巴氏口蘑 *Tricholoma bambusarum*、贝氏口蘑 *Tricholoma betilonganum* 等。

> ☞ **榴莲理论**
>
> 榴莲理论是科纳关于森林进化的研究。这一理论是基于对马来西亚一系列热带植物形态异常的观察。他的理论依据来自有肉质假种皮的水果,有明显的黑色和红色的水果,以及挂在果实上的种子。作为一个整体,这些特征在

森林植物中相对罕见，但它们出现在广泛的植物科中。他假设他所观察到的特殊特征是原始的特征，这使得它们在当今的森林中显得异常。例如，与纤细的多枝、细枝、小叶的矮树相比，厚茎树或矮小的树枝树是祖先。他认为树高的增加是对地栖动物进食的反应，树高的增加也导致了树冠生物多样性的激增。

生平事迹

三八、戴维·唐

戴维·唐 David Don(1799年12月21日—1841年12月15日)是英国植物学家。

● **生平概览**

唐是裸子植物专家,代表作是《松属的描述》。他命名了2000余种种子植物,且许多蕨类植物由他命名。该植物学家的标准名字缩写为 D. Don。

● **命名物种**

命名种子植物2020种。主要发表于以下刊物:(1)*Loud. Arb. Brit.*;(2)*Prodromus Florae Nepalensis*;(3)*Journal of Botany*;(4)*Memoirs of the Wernerian Natural History Society*。

命名中国物种:许多兰科植物、蔷薇科植物、蕨类植物由其命名。

● **纪念物种**

以 *donii* 为种加词命名的物种是对其纪念,全世界共有21个种子植物,如 *Aster donii*、*Euphorbia donii* 等。

乔治·唐(George Don)在 *Geneus Systema* 上设立了属 *Donia* 以表示纪念。

● **主要著作**

(1)《松属的描述》;(2)《尼泊尔主要花卉》。

生平事迹

三九、戴维·道格拉斯

戴维·道格拉斯 David Douglas（1799 年 6 月 25 日—1834 年 7 月 12 日）是英国植物学家。

● **生平概览**

道格拉斯是一位极具影响力的植物学家、"植物猎人"，虽然英年早逝，但是其坚忍不拔的探索精神鼓励着每一位植物学者。他是北美洲植物探险的先锋。为了纪念道格拉斯，美国的著名树种"道格拉斯冷杉"以他的名字命名，许多城市、公园等名称也以道格拉斯命名。他为英国引进了大量树种。

该植物学家的名字标准缩写为 Douglas。

● **命名物种**

命名世界物种共计 301 种。主要发表于以下刊物：(1) *Pinetum Woburnense*；(2) *Botanical Magazine*；(3) *Flora Boreali-Americana*。

命名中国物种：西黄松 *Pinus ponderosa*、小花山桃草 *Gaura parviflora*。

● **纪念物种**

以 *davidii* 为种加词命名的物种。

以 *douglasianus* 为种加词命名的物种有 1 个。

约翰·林德利（John Lindley）在 *Quarterly Journal of Science, Literature, and the*

Arts 上设立了道格拉氏草属 *Douglasia*。

严池(C Yen)等在 *Canadian Journal of Botany* 上设立了属 *Douglasdeweya* 以表示纪念。

● 主要著作

（1）*Journal Kept by David Douglas During His Travels in North America*；（2）*Douglas of the Fir*。

生平事迹

四〇、戴维·格兰迪森·费尔柴尔德

戴维·格兰迪森·费尔柴尔德 David Grandison Fairchild(1869年4月7日—1954年8月6日)是美国植物学家。

● **生平概览**

费尔柴尔德为美国引进了20多万种外来植物和成熟作物,包括大豆、开心果、芒果、油桃、枣、竹子和开花樱桃,促进了美国农业的发展,也促进了世界农业的进步。

该植物学家标准缩写为 D. Fairchild。

● **命名物种**

Halimodendron halodendron。

● **纪念物种**

属 *Fairchildia* 是对其纪念。
以 *fairchildii*、*fairchildiana* 为种加词命名的物种是对其纪念。

● **主要著作**

(1)*The World Was My Garden:Travels of a Plant Explorer*(1938);(2)*Garden Islands of the Great East:Collecting Seeds from the Philippines and Netherlands India in the Junk' Chêng Ho*(1943);(3)*The World Grows round My Door*(1947);(4)*Exploring for Plants*(1930)。

　　费尔柴尔德和他的妻子玛丽安合写了一本关于昆虫宏观摄影的著作《怪物之书》(*Book of Monsters*)。

　　提要:他为美国引进了大量农作物,写了许多农业探险的著作。

生平事迹

四一、迪特里希·布兰迪斯

迪特里希·布兰迪斯 Dietrich Brandis（1824年3月31日—1907年5月28日）是德裔英国植物学家和林业学者。

● 生平概览

布兰迪斯先后任印度林业执行官、缅甸森林局负责人，并于1864—1883年担任印度森林监察长。他于1883年回到欧洲。在退休时，他致力于学术研究，并撰写了巨著《印第安树》(Indian Trees)。布兰迪斯被认为是热带林业之父，也被称为科学林业之父。他是林业教育的先驱，并创立了先进的林业管理方法，对森林管理产生了重大影响。

该植物学家的名字标准缩写为 Brandis。

● 命名物种

命名世界物种共计107种。主要发表于以下刊物：(1) Forest Flora；(2) Illustrations of Forest Flora of North-West and Central India: A Handbook of the Indigenous Trees and Shrubs of Those Countries；(3) Indian Trees；(4) Indian Forester。

命名中国物种：多数来江藤属物种由他命名。

纪念物种

以 *brandisii*、*brandisiana*、*brandisianum* 为种加词命名的物种是对其纪念。

约瑟夫·道尔顿·胡克（Joseph Dalton Hooker）与托马斯·汤姆森（Thomas Thomson）在 *Journal of the Linnean Society* 上设立了来江藤属 *Brandisia*。

主要著作

（1）*Illustrations of the Forest Flora of North-West and Central India: A Handbook of the Indigenous Trees and Shrubs of Those Countries*；（2）*Indian Trees*；（3）*Indian Forester*；（4）*Progress Of Forestry in India*；（5）*Report on the Caoutchouc of Commerce*。

提要： 布兰迪斯先从事植物学研究，后转向林学研究。他最开始担任印度林业行政官，解决了印度日益严重的森林破坏问题。之后，他成为缅甸森林局负责人，建立了柚木林保护区。1864年，他成为印度森林监察长，制定了新《印度森林法》，建立了世界上首个森林教育学校及研究培训机构。

生平事迹

四二、爱德华·奥古斯特·冯·雷格尔

爱德华·奥古斯特·冯·雷格尔 Eduard August von Regel（1815年8月13日—1892年4月15日）为德裔俄国园艺学家及植物学家。

● **生平概览**

雷格尔是杰出的德裔俄国植物学家。他是俄国园艺学会创始人。他对西伯利亚东部、中亚等地的植物区系进行了大量研究。他一生致力于植物学和园艺学的研究，从1875年起任圣彼得堡植物园园长至去世。他描述了许多未知物种，命名植物3000余种。代表作为《葱属植物综述》（*Alliorum Adhuc Cognitorum Monographia*）。

该植物学家的名字标准缩写为Regel。

● **命名物种**

命名种子植物共计2210种。主要发表于以下刊物：（1）*Trudy Imperatorskago S.-Peterburgskago Botaniceskago Sada*；（2）*Index Seminum, quae Hortus Botanicus Imperialis Petropolitanus pro Mutua Commutatione Offert*；（3）*Catalogus Plantarum quae in Horto Aksakoviano Coluntur*。

Tulipa behmiana、*Tulipa boettgeri*、*Tulipa borszczowii*、*Tulipa brachystemon*等是他命名的主要郁金香物种。

命名中国植物242种，其中重要的园艺植物有锦绣苋 *Alternanthera bettzickiana*、瓜叶菊 *Pericallis hybrida*、君子兰 *Clivia miniata*、白头翁 *Pulsatilla chinensis*、侧金盏花

Adonis amurensis、伞花蔷薇 *Rosa maximowicziana*、偃松 *Pinus pumila*。

● 纪念物种

以 *regeli*、*regeliana*、*regelianum* 为种加词命名的物种是对其纪念。

约翰内斯·康拉德·肖尔（Johannes Conrad Schauer）在 *Ein Journal für die Botanik in Ihrem Ganzen Umfange* 上设立了属 *Regelia* 以表示纪念。

● 主要著作

（1）*Cultur der Pflanzen Unserer Höheren Gebirge Sowie des Hohen Nordens*；（2）*Allgemeines Gartenbuch*；（3）*Monographia Betulacearum*；（4）*Tentamen Florae Ussuriensis*；（5）*Alliorum Adhuc Cognitorum Monographia*；（6）*Tentamen Rosarum Monographiae*。

提要：他是俄国最重要的园艺学家之一。他的工作使圣彼得堡植物园成为世界第二大植物园。他采集与命名了大量新物种。

生平事迹

四三、爱德华·哈克尔

爱德华·哈克尔 Eduard Hackel（1850年3月17日—1926年2月2日）是奥地利植物学家。

● 生平概览

哈克尔是奥地利著名禾本科植物专家。他命名物种1900余种。中国很多禾本科植物都是由他命名的。他主要研究日本、菲律宾和我国台湾等地的植物。

该植物学家的名字标准缩写为Hack.。

● 命名物种

命名世界物种共计1931种。主要发表于以下刊物：(1)*Fl. Alger.*；(2)*Oesterreichische Botanische Zeitschrift*；(2)*Revisio Generum Plantarum*；(4)*Prodrome de la Flore Corse*。

命名中国物种：很多禾本科植物由他命名。

● 纪念物种

以*hackelii*为种加词命名的物种有89个。以*hackeliana*为种加词命名的物种有16个。以*hackelianum*为种加词命名的物种有6个。以*hackelianus*为种加词命名的物种2个。

约翰·巴普蒂斯特·伊纽尔·波尔（Johann Baptist Emanuel Pohl）在*Ex Flora*上设

立了属 *Hackela* 以表示纪念。

菲利普·马克西米利安·奥皮兹（Philipp Maximilian Opiz）在 *Oekonomisch-Technische Flora Böhmens* 设立了属 *Hackelia* 以表示纪念。

球穗草属 *Hackelochloa* 以他的名字命名。

● 主要著作

（1）*Monographia Festucarum Europeaearum*；（2）*Gramineae in Martius's Flora Brasiliensis*；（3）*Catalogue Raisonné des Graminées du Portugal*；（4）*The True Grasses*；（5）*New or Noteworthy Philippine Plants*；（6）*Plantae ex Asia Media：Fragmentum*；（7）*Enumeratio Graminum Japoniae*。

生平事迹

四四、埃尔默·德鲁·梅里尔

埃尔默·德鲁·梅里尔 Elmer Drew Merrill（1876年10月15日—1956年2月25日）是美国植物学家。

● 生平概览

梅里尔在菲律宾待了20多年，在那里，他成为公认的亚太地区植物区系研究权威，被誉为远东植物分类学研究最重要的人物。他也是植物标本馆的创新管理者。1929—1935年，他担任纽约植物园园长。在他的职业生涯中，他撰写了近500种出版物，描述了大约3000种新植物，并收集了超过100万件标本。

该植物学家的名字标准缩写为 Merr.。

● 命名物种

命名世界物种共计7449种。主要发表于以下刊物：（1）*Philippine Journal of Science*；（2）*Lingnaam Agric. Rev.*；（3）*Publications of the Bureau of Science Government Laboratories*；（4）*Transactions of the American Philosophical Society Held at Philadelphia for Promoting Useful Knowledge*；（5）*Journal of the Arnold Arboretum*。

命名中国物种767种，多数蒲桃属植物由他命名。

纪念物种

七个植物属种 *Merrillia*、*Merrilliobryum*、*Merrilliodendron*、*Merrilliopeltis*、*Merrillosphaera*、*Sinomarillia* 和 *Elmerrillia* 以他的名字命名。

以 *merrillii* 为种加词命名的物种有 222 个。以 *merrilliana* 为种加词命名的物种有 32 个。以 *merrillianum* 为种加词命名的物种 20 个。以 *merrillianus* 为种加词命名的物种有 9 个。

主要著作

（1）*An Enumeration of Philippine Flowering Plants*（1923—1926）；（2）*Flora of Manila*（1914）；（3）*Emergency Food Plants and Poisonous Plants of the Islands of the Pacific*；（4）*The Botany of Cook's Voyages*（1954）；（5）*A Bibliographic Enumeration of Bornean Plants*（1921）；（6）*An Enumeration of Hainan Plants*（1927）；（7）*Polynesian Botanical Bibliography*（1773—1935）（1937）；（8）*A Botanical Bibliography of the Islands of the Pacific*（1946）。

提要：梅里尔是东亚地区草类植物研究专家，发表关于菲律宾植物的区系论文100 余篇，出版《马尼拉植物志》，负责筹建亚洲最大的图书馆与标本馆，研究领域很广。他来到中国浙江、安徽等地采集，命名了许多中国物种，如纪念钟观光的钟木属，发表了许多关于华东、华南地区植物的文章。他发明了"美术箱"。他扩大了哈佛大学阿诺德树木园。

生平事迹

四五、欧内斯特·亨利·威尔逊

欧内斯特·亨利·威尔逊 Ernest Henry Wilson（1876年2月15日—1930年10月15日）是英国植物采集家。

● **生平概览**

威尔逊是在华最出名的"植物猎人"，曾用12年时间深入中国西部，采集了4500种植物标本，并将上千种植物种子带回西方，为西方引进2000种左右亚洲植物。其巨著《中国——园林之母》（原名为《一个博物学家在华西》）享誉国内外。他先后5次来华采集，因此被称为"中国威尔逊"。威尔逊从1919年开始担任哈佛大学阿诺德树木园园长助理，1927年成为该树木园的管理员。他不但是出色的采集家与引种专家，也是出色的科普作家，一生著作丰厚，写过多本与中国植物有关的书籍。

该植物学家标准缩写为 E. H. Wilson。

● **命名物种**

命名世界物种共计295种。主要发表于以下刊物：（1）*Plantae Wilsonianae*；（2）*Journal of the Arnold Arboretum*；（3）*Bulletin of Miscellaneous Information, Royal Gardens, Kew*；（4）*Journal of the Royal Horticultural Society*。

纪念物种

以 *wilsonii* 为种加词命名的物种是为纪念威尔逊，其中中国植物很多，如魏氏马先蒿 *Pedicularis wilsonii*、金花小檗 *Berberis wilsonii*、疏网凤丫蕨 *Coniogramme wilsonii*、川西火绒草 *Leontopodium wilsonii* 等。以 *wilsoniana* 为种加词命名的物种有 39 个。以 *wilsonianum* 为种加词命名的物种有 5 个。以 *wilsonianus* 为种加词命名的物种有 1 个。

基斯·拉什福斯（Keith Rushforth）在 *Phytologia* 上设立了属 *Wilsonaria* 以表示纪念。

主要著作

（1）《中国——园林之母》；（2）《东亚的百合》；（3）《园林珍品》；（4）《威尔逊植物志》；（5）《花园里的贵族》；（6）《世界商业产品：对世界经济植物及其商业用途的描述》。

提要：威尔逊先后五次来华采集。第一次来华，发现了"植物活化石"珙桐，珍贵植物槭树、荚蒾、杜鹃，以及猕猴桃（称为"威尔逊醋栗"）。第二次来华，采集全缘叶绿绒蒿、红花绿绒蒿。第三次来华，为哈佛大学阿诺德树木园采集紫丁香、血皮槭、杜鹃花。第四次来华，采集帝王百合。第五次来华，主要考察台湾植物。

生平事迹

四六、恩斯特·戈特利布·冯·斯托伊德尔

恩斯特·戈特利布·冯·斯托伊德尔 Ernst Gottlieb von Steudel(1783年5月30日—1856年5月12日)是德国医生、植物学家。

● 生平概览

斯托伊德尔于1805年在图宾根大学获得医学博士学位,后就职于一家医疗诊所,并于1826年成为著名医生,获得皇家公务员骑士勋章。他是禾本科植物研究的权威(右图是其描述的禾本科的一个物种)。他命名物种11000余种,代表作为《禾本科植物纲要》(Synopsis Planterum Glumacearum)。

该植物学家的名字标准缩写为Steud.。

● 命名物种

命名世界物种共计11739种。主要发表于以下刊物:(1)Nomenclator Botanicus;(2)Synopsis Plantarum Glumacearum;(3)Tentamen Florae Abyssinicae seu Enumeratio Plantarum Hucusque in Plerisque Abyssiniae;(4)The London Journal of Botany;(5)Flora Brasiliensis。

命名中国植物:多数禾本科植物由其命名。少数莎草科植物也由其命名。他命名的植物中,80%为禾本科与莎草科植物。他是当之无愧的草学家。

纪念物种

以 *steudelii*、*steudelianus*、*steudelianum* 为种加词命名的物种是对其纪念。

卡尔·恩斯特·奥托·昆策（Carl Ernst Otto Kuntze）在 *Revisio Generum Plantarum* 上设立了属 *Steudelago* 以表示纪念。

本田正二（Masaji Honda）在 *Journ. Fac. Sc. Tokyo, Sect. III. Bot.* 上设立了属 *Steudelella* 以表示纪念。

库尔特·波利卡普·约阿希姆·施普伦格尔（Kurt Polycarp Joachim Sprengel）在 *Neue Entdeckungen im Ganzen Umfang der Pflanzenkunde* 上设立了属 *Steudelia* 以表示纪念。

主要著作

（1）《植物命名法》（1821—1824）；（2）《德国植物名录》（1826）；（3）《禾本科植物纲要》（1853—1855）。

提要：他是德国著名医生、植物学家。作为医生，他获得皇家公务员骑士勋章；作为植物学家，他与霍克斯泰特合著了《德国植物名录》及独立编著了《禾本科植物纲要》。后者倍受达尔文、胡克赞赏。

生平事迹

四七、亨利·弗莱彻·汉斯

亨利·弗莱彻·汉斯 Henry Fletcher Hance（1827年8月4日—1886年5月22日）是英国植物学家。

生平概览

汉斯是19世纪英国驻广州外交官，在业余时间研究中国植物学。他对我国华南地区的植物研究做出了巨大贡献，在世界植物学史上留下了浓墨重彩的一笔。汉斯参编了《香港植物志》，发表的新物种超过650个，采集过上万份植物标本。1886年，汉斯因病与世长辞，但他留下的标本仍在为植物学研究做出贡献。比如，1902年，德国植物学家梅兹根据汉斯留下的一份标本，发表了新物种大罗伞树 Ardisia hanceana，种加词 hanceana 正是对汉斯的致敬。汉斯交游广阔，且被称为"植物控"（极度喜欢植物的人），这使得很多到中国采集植物的外国人或多或少与他产生交集，从而建立了跨国植物学家交流网络。他也是胡克父子在中国的主要联系人。

该植物学家的标准缩写为 Hance。

命名物种

命名世界物种共计662种。主要发表于以下刊物：（1）Journal of Botany；（2）Seem. Journ. Bot.；（3）Annales des Sciences Naturelles；（4）Journal of the Linnean Society。

命名中国植物共计441种，占其全部命名植物种类的67%。常见的有刺榆 Hemiptelea davidii、穗花杉 Amentotaxus argotaenia、鱼尾葵 Caryota ochlandra、鹅耳

枥 *Carpinus turczaninowii*、白栎 *Quercus fabrei*。

● **纪念物种**

全世界以 *hancei* 为种加词命名的物种有41个，如假半边莲 *Lobelia hancei*、雷琼牡蒿 *Artemisia hancei*、来江藤 *Brandisia hancei*、硬壳柯 *Lithocarpus hancei*、山蒟 *Piper hancei*、广州鼠尾粟 *Sporobolus hancei*、香港巴豆 *Croton hancei*、藤黄檀 *Dalbergia hancei*、北京隐子草 *Cleistogenes hancei*、华南鳞盖蕨 *Microlepia hancei*、粤东鱼藤 *Derris hancei*、红鳞蒲桃 *Syzygium hancei*、光叶蛇葡萄 *Ampelopsis heterophylla* var. *hancei* 东南长蒴苣苔 *Didymocarpus hancei*。

以 *hanceana* 为种加词或变种加词命名物种有23个，比如大罗伞树 *Ardisial hanceana*、糯米条 *Abelia hanceana*、广东蝶豆 *Clitoria hanceana*、青茶香 *Ilex hanceana*、刺葵 *Phoenix hanceana* 等。

工藤祐舜（Yûshun Kudô）在 *Mem. Fac. Sc. & Agric. Taihoku Imp. Univ.* 上设立了唇形科四轮香属 *Hanceola* 以表示纪念。

贝特霍尔德·卡尔·基曼（Berthold Carl Seemann）在 *Botany of the Voyage of H. M. S. Herald, under the Command of Captian Henry Kellett, R. N., C. B., During the years 1845—1851* 上设立大戟科的属 *Hancea* 以表示纪念。

● **主要著作**

（1）*A Pemptade of New Chinese Monochlamydeae*（1868）；（2）*Notes of Some Plants from Northern China*（1872—1873）；（3）*Annals of Science Natural*。

提要：汉斯在华40多年的生涯中，收集到了22437份植物标本。这些标本被送至伦敦自然历史博物馆，且这些植物被边沁的《香港植物志》收录。他的收集对西方研究中国植物产生了深远的影响。汉斯与许多植物学家交流，建立了跨国植物学交流网络。

生平事迹

四八、弗朗西斯·布坎南-汉密尔顿

弗朗西斯·布坎南-汉密尔顿Francis Buchanan-Hamilton（1762年2月15日—1829年6月15日）是英国医生、地理学家、动物学家、植物学家。

生平概览

布坎南-汉密尔顿对尼泊尔、缅甸和孟加拉国等地区进行了开创性的动植物调查探索。他收集的动植物往往是这些地区的新物种。他命名新植物物种1300余种，尤其对尼泊尔植物有深入的研究。代表作为《尼泊尔植物绪论》(*Prodromus Florae Nepalensis*)。他对自然、历史有着广泛的兴趣，将大量遇到的风土人情记录于书中。他对鱼类的研究成果突出，促进了孟加拉国渔业的发展。他为英国皇家学会会员及英国爱丁堡植物学会会员。

该植物学家的名字标准缩写为Buch.-Ham.。

命名物种

命名种子植物共计1386种。主要发表于以下刊物：(1)*A Numerical List of Dried Specimens of Plants in the East India Company's Museum*；(2)*The London Journal of Botany*；(3)*Philippine Journal of Science（Section C）*。

命名中国物种：钝叶桂 *Cinnamomum bejolghota*、树头菜 *Crateva unilocularis*、藏东瑞香 *Daphne bholua*、棱茎黄芩 *Scutellaria scandens*、绣球藤 *Clematis montana*、翅托叶猪屎豆 *Crotalaria alata*、深紫木蓝 *Indigofera atropurpurea*、丛枝蓼 *Polygonum posumbun* 等。

纪念物种

以 *hamiltonii* 为种加词命名的物种是对其纪念。

主要著作

（1）《尼泊尔植物绪论》（1802）；（2）《关于在恒河及其支流中发现的鱼类论述》（1822）；（3）《从马德拉斯到迈索尔卡纳拉和马拉巴尔的旅程》（1807）；（4）《尼泊尔王国的记述》；（5）《尼泊尔植物群简介：在尼泊尔旅行中正确命名和接壤的植物列举》（1802—1803）。

提要：他是一个善于观察和记录的植物学家，主要研究地为印度、尼泊尔、孟加拉国等亚洲国家，先后进行了迈索尔调查、孟加拉国调查及对东印度公司所辖地区的全面调查，发现许多动物及植物新物种。

生平事迹

四九、弗朗西斯·金登-沃德

弗朗西斯·金登-沃德 Francis Kingdon-Ward（1885年11月6日—1958年4月8日）是英国植物学家、探险家、植物收藏家和作家。

● **生平概览**

金登-沃德为英国引进了上百个杜鹃花品种，并因此获得"独行侠"的美誉。他先后出了14本书，分享他的冒险经历，其中的《绿绒蒿的故乡》（Land of the Blue Poppy）产生了广泛影响。他多次来到中国考察，进入中国滇西北、藏东南等地区，撰写了《西藏之路》（On the Road to Tibet）。他在中国采集约40年，是最著名的植物采集者之一，因此获得多种勋章及荣誉。

该植物学家的名字标准缩写为Kingdon-Ward。

● **命名物种**

命名世界物种共计136种。主要发表于以下刊物：（1）Gardeners' Chronicle；（2）Phytologia；（3）Plant Hunting on the Edge of the World；（4）The Genus Meconopsis Blue Poppies and Their Relatives；（5）Field Notes Pl. Shrubs & Trees；（6）Garden: An Illustrated Weekly Journal of Gardening in All Its Branches；（7）Transactions and Proceedings of the Botanical Society of Edinburgh；（8）Notes from the Royal Botanic Garden。

命名中国物种：多数杜鹃花及报春花由其命名。

纪念物种

以 *kingdon-wardii* 为种加词命名的物种是对其纪念。以 *kingdon-wardiana* 为种加词命名的物种有4个。

塞西尔·维克多·博利·马昆德(Cecil Victor Boley Marquand)在 *Journal of the Linnean Society* 上设立了属 *Kingdon-wardia* 以表示对其纪念。

主要著作

(1) *On the Road to Tibet*(1910);(2) *Land of the Blue Poppy*(1913);(3) *In Farthest Burma*(1921);(4) *Mystery Rivers of Tibet*(1923);(5) *From China to Hkamti Long*(1924);(6) *The Romance of Plant Hunting*(1924);(7) *Riddle of the Tsangpo Gorges*(1926);(8) *Rhododendrons for Everyone*(1926);(9) *Plant Hunting on the Edge of the World*(1930);(10) *Plant Hunting in the Wilds*(1931);(11) *A Plant Hunter in Tibet*(1934);(12) *The Romance of Gardening*(1935);(13) *Plant Hunter's Paradise*(1937);(14) *Assam Adventure*(1941);(15) *Modern Exploration*(1945);(16) *About This Earth*(1946);(17) *Burma's Icy Mountains*(1949);(18) *Rhododendrons*(1949);(19) *Footsteps in Civilization*(1950);(20) *Plant Hunter in Manipur*(1952);(21) *Berried Treasure*(1954);(22) *Return to the Irrawaddy*(1956);。

生平事迹

五〇、弗朗西斯·马森

弗朗西斯·马森 Francis Masson（1741年8月—1805年12月23日）是英国植物学家。

● 生平概览

马森是邱园第一位正式派出的"植物猎人"。他的采集丰富了邱园的植物种类，也美化了英国园林。从严格意义上讲，马森并不是真正的植物学家，也没有接受过真正的植物学教育。他最初只是一名花童，20岁时成为园丁威廉·艾顿的一名学徒。但他勤奋好学，勇于进取，自学植物学，成为一名植物艺术家，并被誉为世界"植物猎人"的第一人，当选为伦敦林奈学会会员。著名的豹皮花、马尾松均由其命名。

该植物学家的名字标准缩写为 Masson。

● 命名物种

全世界命名物种121种。主要发表于以下刊物：(1) *Philosophical Transactions of the Royal Society of London*；(2) *Physikalische Beschreibung der Canarischen Inseln*；(3) *Journal of Botany, British and Foreign*；(4) *Abhandlungen der Koniglichen Akademie der Wissenschaften in Berlin*。

命名中国物种：豹皮花 *Stapelia pulchella*、马尾松 *Pinus massoniana*、鹤望兰 *Strelitzia reginae*。

纪念物种

卡尔·彼得·桑伯格（Carl Peter Thunberg）等在 *Natuurlijke Historie of Uitvoerige Beschrijving der Dieren, Planten en Mineraalen, Volgens het Samenstel van den Heer Linnaeus* 上设立了镜属 *Massonia* 以表示纪念。

以 *massonii* 为种加词的物种是对其纪念。以 *massoniana* 为种加词命名的物种有 21 个。以 *massonianus* 为种加词命名的物种有 1 个。

主要著作

Stapeliae Novae。

提要：马森共参加四次采集探险。第一次考察，采到了非洲苏铁，并将之运回英国，其现在成为世界上最古老的盆栽植物。第二次考察，与桑伯格一起考察了帕尔山，发现了大量新植物。第三次考察，去大西洋各岛屿，这次采集时他被法军俘虏。第四次考察，去开普敦。

生平事迹

五一、弗雷德里克·爱德华·克莱门茨

弗雷德里克·爱德华·克莱门茨 Frederic Edward Clements（1874年9月16日—1945年7月26日）是美国植物生态学家、植物分类学家，是植被演替研究的先驱。

● **生平概览**

克莱门茨于1916年正式提出"机体论"群落演替理论，即单元演替顶极理论（mono climax theory）。该理论在生态学界产生了广泛而巨大的影响，并成为植被动态研究的主要概念性工具。坦斯利（Tansley）评价该理论已成为现代最富有成果的研究，是植被生态学研究不可缺少的基础。霍根（Hagen）指出：克莱门茨毕生对美国西部的草原、针叶林进行研究，首次为生态学提供了一种精细化的整体性认识。沃斯特（Worster）认为：克莱门茨的植被动态研究建构了一个连贯而又精细的理论体系，不仅对这个新学科产生了显著的影响，而且在拓荒者与美国草原的关系方面也具有重大意义。他对分类学做出了突出贡献，研究方向包括菊属、橡胶草属、冠菊属等。

该植物学家的名字标准缩写为 Clem.。

● **命名物种**

命名物种共计185种，包括菊科菊属38种、橡胶草属69种、冠菊属14种、千里光属1种，藜科滨藜属39种。主要发表于以下刊物：（1）*Repertorium Specierum Novarum Regni Vegetabilis*；（2）*Rocky Mountain Flowers*；（3）*Phylogenetic Method in Taxonomy*。棘豆属 *Acanthothecis*、地衣属 *Dibaeis* 为克莱门茨所设立。

五一、弗雷德里克·爱德华·克莱门茨

● 纪念物种

以 *clementsii* 为种加词是对其纪念，如 *Dendrobium clementsii*、*Dendrobium clementsii*、*Flickingeria clementsii*、*Microtatorchis clementsii*、*Taeniophyllum clementsii*。

约瑟夫·纳尔逊·罗斯（Joseph Nelson Rose）在 *Bulletin of the New York Botanical Garden* 上设立了属 *Clementsia* 以表示纪念。该属包括景天花 *Clementsia rhodantha*（俗称克莱门茨玫瑰花）等。

● 主要著作

（1）《内布拉斯加植物地理学》(1898)；(2)《生态学研究方法》(1905)；(3)《植物生理与生态学》(1907)；(4)《植物演替》(1916)；(5)《植物群落与过程和实践的关系》(1920)；(6)《植物演替和指标》(1928)；(7)《花的家庭和祖先》(1928)；(8)《植物竞争》(1929)；(9)《真菌属》(1931)；(10)《生物生态学》。

> ☞ 克莱门茨建立的分类群
>
> （1）Acanthothecis；(2) Agyriales；(3) Dibaeis；(4) Discostroma；(5) Lasiosphaeris；(6) Pezoloma；(7) Pronectria；(8) Sphaerodes（fungus）。

生平事迹

五二、弗里德里希·安东·威廉·米克尔

弗里德里希·安东·威廉·米克尔 Friedrich Anton Wilhelm Miquel（1811年10月24日—1871年1月23日）为荷兰植物学家。

● 生平概览

米克尔于1835—1846年任鹿特丹植物园主管，1846—1859年任阿姆斯特丹植物园主管，1859—1871年任乌德勒支植物园主管。1866年，他当选为瑞典皇家科学院外籍院士。虽然他从未进行远行考察，但他通过广泛的植物学交流网络，收集了大量澳大利亚和东印度群岛的植物标本。他考察了印度尼西亚植被。他描述了许多澳大利亚和印度尼西亚植物的重要科，包括仙人掌科、木麻黄科、苏铁科、桃金娘科、胡椒科和蓼科。他总共发表了大约7000种植物学名（浙贝母由他命名）。通过与德国植物学家海因里希·格珀特合作，他对古植物学（化石植物，尤其是苏铁科植物）进行深入研究。他是第一届荷兰地质图绘制委员会成员之一。

该植物学家的名字标准缩写为 Miq.。

● 命名物种

命名物种共计6937种。主要发表于以下刊物：（1）*Stirpes Surinamensis Selectae*；（2）*Plantae Junghuhnianae*；（3）*Flora van Nederlandsch Indie*；（4）*Linnaea*；（5）*Flora van Nederlandsch Indie*。

命名中国物种：细辛 *Asarum sieboldii*、山皂荚 *Gleditsia japonica*、柞木 *Xylosma racemosa*、浙贝母 *Fritillaria thunbergii*、山芹 *Ostericum sieboldii*、插田泡 *Rubus coreanus* var. *coreanus*、百部 *Stemona japonica*、沙参 *Adenophora stricta* subsp *stricta* 等大多数植物由他命名。

多种食虫植物，如猪笼草由他命名。

● 纪念物种

以 *miqueliana* 为种加词命名的物种有 80 个。以 *miquelii* 为种加词命名的物种有 77 个。以 *miquelianum* 为种加词命名的物种 21 个。以 *miquelianus* 为种加词命名的物种有 8 个。例如，柔毛聚果榕 *Ficus racemosa* var. *miquelli*、毛枝蕨 *Leptorumohra miqueliana*、南京椴 *Tilia miqueliana*、毛接骨木 *Sambucus williamsii* var. *miquelii*、匍茎通泉草 *Mazus miquelii* 等为纪念其而命名的。

卡尔·路德维希·冯·布卢姆(Corl Ludwig von Blume)在 *Bulletin des Sciences Physiques et Naturelles en Néerlande* 上设立了属 *Miquelia* 以表示纪念。

● 主要著作

（1）*Genera Cactearum*（1839）；（2）*Monographia Cycadearum*（1842）；（3）*Systema Piperacearum*（1843—1844）；（4）*Illustrationes Piperacearum*（1847）；（5）*Cycadeae Quaedam Americanae, Partim Novae*（1851）；（6）*Flora Indiae Batavae*（1855—1859）；（7）*De Palmis Archipelagi Indici Observationes Novae*（1868）；（8）*Analecta Botanica Indica: Commentationes de Variis Stirpibus Asiae Australioris*（1850）；（9）*Annales Musei Botanici Lugduno-Batavi*。

生平事迹

五三、弗里德里希·威廉·海因里希·亚历山大·冯·洪堡

弗里德里希·威廉·海因里希·亚历山大·冯·洪堡 Friedrich Wilhelm Heinrich Alexander von Humboldt（1769年9月14日—1859年5月6日）是德国自然科学家、自然地理学家，为近代气候学、植物地理学、地球物理学的创始人之一。

● **生平概览**

洪堡涉猎科目很广，特别是生物学与地质学。教育家、柏林大学创始人威廉·冯·洪堡是其兄弟。他被誉为现代地理学之父，是19世纪最杰出的科学家之一。他还是英国皇家学会外籍会员。他认为自然界为一巨大的整体，各种自然现象相互联系，并依其内部力量不断运动发展，提出自然是生命网络的观点。他创造并命名了等温线、等压线、地形剖面图、海拔温度梯度、洋流、植被的水平与垂直分布、气候带分布、温度垂直递减率、大陆东西岸温度差异、大陆性与海洋气候、地形对气候形成的作用等。命名世界植物700余种。代表作为《植物新属与新种》（*Nova Genera et Species Plantarum*）。以其名字命名的植物物种很多，如洪堡百合、洪堡兰、洪堡天竺葵、洪堡香蕉兰等。他还是世界上第一个直接用电鳗做试验的人。

该植物学家的名字标准缩写为Humb.。

● **命名物种**

命名世界物种共计742种，主要发表于以下刊物：(1) *Sweet's Hortus Britannicus*；

五三、弗里德里希·威廉·海因里希·亚历山大·冯·洪堡

（2）*Species Plantarum*；（3）*Enumeratio Plantarum Horti Regii Botanici Berolinensis*；（4）*Dictionnaire d'Horticulture*；（5）*Nova Genera et Species Plantarum*。

命名中国物种：苞茅 *Hyparrhenia bracteata*。

● 纪念物种

以 *humboldtii* 或 *humboldti* 为种加词命名的物种有193个。以 *humboldtiana* 为种加词命名的物种有160个。以 *humboldtianum* 为种加词命名的物种有39个。*humboldtianus* 为种加词命名的物种有27个。例如，洪堡企鹅（汉波德企鹅）*Spheniscus humboldti*、洪堡百合 *Lilium humboldtii*、洪堡兰 *Phragmipedium humboldtii*、南美柞树 *Quercus humboldtii*、洪堡猪鼻臭鼬 *Conepatus humboldtii*、新热带树或灌木 *Annona humboldtii*、新热带树或灌木 *Annona humboldtiana*、一种陆生狸藻（食虫植物）*Utricularia humboldtii*、洪堡天竺葵 *Geranium humboldtii*。

马丁·瓦尔（Martin Vahl）在 *Symbolae Botanicae* 上设立了属 *Humboldtia* 以表示纪念。

● 主要著作

（1）*Des Freiherrn Alexander von Humboldt und Aimé Bonpland Reise in die Aequinoctial-Gegenden des Neuen Continents*（1844）；（2）*The Travels and Researches of Alexander von Humboldt*（1833）；（3）*Personal Narrative of Travels to the Equinoctial Regions of the New Continent, During the Years 1799—1804 by Alexander von Humboldt, and Aimé Bonpland*（1822）；（4）*The Island of Cuba*（1856）；（5）*Cosmos: A Sketch of a Physical Description of the Universe*（1858）；（6）*Researches Concerning the Institutions & Monuments of the Ancient Inhabitants of America*（1814）；（7）*Nova Genera et Species Plantarum*。

> ☞ **其他纪念洪堡的名词**
>
> 洪堡寒流；洪堡河及接收河水的洪堡湖、洪堡低地；洪堡海（月球上的月海之一）；洪堡基金会。

提要： 洪堡是伟大的旅行家，在旅行中进行科考，采集植物标本，发现许多新物种，并对当地气候、水文、矿产等方面进行研究与分析。他在中俄边境发现了巨大的钻石。他创立了植物地理学、地质测量学两个学科，强调跨专业研究的方法。他是世界上第一个用电鳗做试验的人。

生平事迹

五四、加斯帕德·鲍欣

加斯帕德·鲍欣 Gaspard Bauhin（1560 年 1 月 17 日—1624 年 12 月 5 日）是瑞士植物学家。

● 生平概览

鲍欣于 1577—1578 年师从法布里奇奥，在巴塞尔大学度过大部分生涯，曾任希腊文、解剖学、植物学和医学教授。1588 年，他描述了位于大、小肠之间的回盲瓣（鲍欣氏瓣）。1605 年，他编写《人体解剖》(*Theatrum Anatomicum*)一书，按照最明显的特征对机体各部命名，纠正了给肌肉、血管、神经等编号的混乱状态。在《植物描述绘图》(*Pinax Theatri Botanici*)一书中，他简要列举和描述了约 6000 种植物，并首次提出了后来由林奈加以系统化和推广的双名命名法的概念。

该植物学家的名字标准缩写为 C. Bauhin。

● 命名物种

Cyperus papyrus。

● 纪念物种

林奈在 *Species Plantarum* 上设立了羊蹄甲属 *Bauhinia*，是为了纪念鲍欣。*Mentha rotundifolia* subsp. *bauhinii*、*Molopospermum peloponnesiacum* subsp.

bauhinii、*Crepis bauhiniana*、*Thalictrum bauhinianum*。

● 主要著作

（1）*Phytopinax*；（2）*Prodromus Theatri Botanici*；（3）*Pinax Theatri Botanici*；（4）*Caspari Bauhini Basil. Archiatri Catalogus Plantarum Circa Basileam*；（5）*Theatrum Anatomicum*。

提要：鲍欣是第一个提出双名命名方法的人。该方法是林奈创立的双名命名法的基础与前身。

生平事迹

五五、乔治·边沁

乔治·边沁 George Bentham（1800 年 9 月 22 日—1884 年 9 月 10 日）是英国植物学家。

● 生平概览

边沁的种子植物分类法以对所有已知种的详细研究为依据，已成为现代维管植物分类体系的基础。在德堪多的法国植物区系分析表的影响下，他在法国蒙彼利埃附近经管父亲的种植园期间，开始研究植物学。1826—1832 年任其伯父、哲学家杰里米·边沁（Jeremy Bentham）的秘书，1833 年接受遗产后全力进行植物学研究。1854 年，他将 10 多万件植物标本赠给了英国皇家植物园。园长胡克邀请他在园内建立永久性的研究点。代表作为《香港植物志》(*Flora Hongkongensis*)、《澳大利亚植物志》(*Flora Australiensis*)、《植物属志》(*Genera Plantarum*) 等，在这些著作中记载并描述了 15000 余种新植物。

该植物学家的名字标准缩写为 Benth.。

● 命名物种

命名世界物种 15596 种。主要发表于以下刊物：(1) *Flora Australiensis*；(2) *The Botany of the Voyage of H. M. S. Sulphur*；(3) *Flora Brasiliensis*；(4) *Journal of the Proceedings of the Linnean Society*。

命名中国植物也很多，有代表性的如五彩苏 *Coleus scutellarioides*、蕈树 *Altingia chinensis*、甜槠 *Castanopsis eyrei*、两型豆 *Amphicarpaea edgeworthii*、吴茱萸

Evodia rutaecarpa、羊乳 *Codonopsis lanceolata*、龙须藤 *Bauhinia championii*、杭白芷 *Angelica dahurica*、杨桐 *Adinandra millettii*、白芷 *Angelica dahurica* 等。

● 纪念物种

约翰·哈钦松（John Hutchinson）在 *Annals of Botany* 上设立了四照花属 *Dendrobenthamia* 以表示纪念。

弗里德里希·乔治·克里斯托夫·阿勒菲尔（Friedrich Georg Christoph Alefeld）在 *Bonplandia* 上设立了属 *Benthamantha* 以表示纪念。

阿基里斯·理查德（Achille Richard）在 *Mém. Soc. Hist. Nat. Paris* 上设立了属 *Benthamia* 以表示纪念。

以 *benthamianus* 为种加词命名的物种有 26 个。以 *benthamii* 为种加词命名的物种有 246 种。以 *benthamiana* 为种加词命名的物种为 193 种。以 *benthamianum* 为种加词命名的物种有 35 种。

● 主要著作

他曾参加对英国殖民地植物区系的权威性考察，编写了《香港植物志》（1861）和《澳大利亚植物志》（7卷，1863—1878）两书，描述了7000多个种。考虑到当时分类标准的缺陷，他对当时已知的所有种子植物进行了确切的描述性分类，撰写《植物属志》（3卷，1862—1883）。他的《英国植物区系手册》一书至今仍不失为一部权威性的著作。

生平事迹

五六、乔治·福里斯特

乔治·福里斯特 George Forrest（1873年3月13日—1932年1月5日）是英国植物学家和探险家，以20世纪初在中国云南采集了大量植物标本而知名。

● **生平概览**

福里斯特是一位非常多产的植物学家和探险家。他在中国进行了7次主要考察，并向西方引进了数百个物种。在中国杜鹃花属植物的采集史中，福里斯特是一位非常重要的人物，从1904年第一次被派往中国至1932年死于在云南的一次考察途中，历时28年，曾7次来华，足迹几乎遍及中国西南地区。他在植物采集领域是非常著名的，为西方植物研究机构采集了30000多份干制标本，也为西方园林界收集了1000多种活植物。他尤其深爱杜鹃花属、报春花属和豹子花属植物。他被誉为英国的"杜鹃花之王"，采集的中国杜鹃花标本曾被作为新种描述过的达400多号，经过近百年的研究，至今仍被接受的名称有150多种，这些种类的模式标本主要保存在爱丁堡皇家植物园标本馆，是从事杜鹃花分类、区系等领域研究的重要材料和依据。值得一提的是，我国百合科的豹子花虽被前人记述过，但真正作为栽培引种是由福里斯特开始的。

该植物学家的名字标准缩写为 Forrest。

● **命名物种**

命名世界物种共计358种。主要发表于以下刊物：(1) *Notes from the Royal*

Botanic Garden；（2）Journal of the Royal Horticultural Society；（3）Trans. Bot. Soc；（4）Bulletin of Miscellaneous Information, Royal Gardens, Kew。

命名中国物种很多,命名了大量的杜鹃花及报春花。

● 纪念物种

以 forrestii 为种加词命名的物种有 321 个。以 forrestiana 为种加词命名的物种有 24 个。以 forrestianum 为种加词命名的物种有 5 个。以 forrestianus 为种加词命名的物种有 1 个。

属 Forrestia 是为纪念他而设立的。

● 主要著作

他发表的著作很少,除了那些实地记录,只有在 Geographical Journal 中的一篇文章、Journal of the Royal Horticultural Society 中的两篇文章、Gardeners' Chronicle 中的几篇文章以及其他一些零零碎碎的文章。

生平事迹

五七、乔治·莱德亚德·斯特宾斯

乔治·莱德亚德·斯特宾斯 George Ledyard Stebbins（1906年1月6日—2000年1月19日）是美国植物学家和遗传学家，被公认为20世纪主要的进化生物学家之一。

● **生平概览**

斯特宾斯综合了遗传学和进化理论，是提出现代进化综合理论的核心人物之一。他不仅是一位著名的研究者，还是一位多产的作家、受欢迎的教师和直言不讳的自然资源保护主义者。斯特宾斯于1931年从哈佛大学获得植物学博士学位后，在加州大学伯克利分校工作，研究植物物种的遗传进化，与他人合作开发出一套综合性的植物进化综合方法，并将遗传学融入其中。发表190余种新植物。中国的黄鹌菜由其命名。

他结合遗传学和达尔文的自然选择理论来描述植物的物种形成，为植物进化生物学的研究提供了概念框架。他还对杂交和多倍体在物种形成以及植物进化中的作用进行了广泛的研究。

斯特宾斯对加州大学戴维斯分校遗传学系的建立起了重要作用，并积极促成了许多促成进化和科学发展研究的组织。他被选为美国国家科学院院士，被授予美国国家科学奖章。

该植物学家的名字标准缩写为Stebbins。

● 命名物种

命名世界物种共计 192 种。主要发表于以下刊物：（1）*Canadian Journal of Botany*；（2）*Systematic Botany：Quarterly Journal of the American Society of Plant Taxonomists*；（3）*Journal of the New England Botanical Club*；（4）*Taxon：Official News Bulletin of the International Society for Plant Taxonomy*。

命名中国物种：发表了很多菊科黄鹌菜属植物新物种。

● 纪念物种

以 *stebbinsii*、*stebbinsiana*、*stebbinsianum* 为种加词命名的物种是对其纪念。

肉菊属 *Stebbinsia*、属 *Stebbinsoseris* 是为纪念他而设立的。

● 主要著作

（1）*Variation and Evolution in Plants*（1950）；（2）*Processes of Organic Evolution*（1966）；（3）*The Basis of Progressive Evolution*（1969）；（4）*Chromosomal Evolution in Higher Plants*（1971）；（5）*Flowering Plants：Evolution Above the Species Level*（1974）；（6）*Evolution*（1977）；（7）*Darwin to DNA，Molecules to Humanity*（1982）。

生平事迹

五八、布丰（乔治-路易·勒克莱尔）

布丰（乔治-路易·勒克莱尔）Georges-Louis Leclerc（1707年9月7日—1788年4月16日）是法国博物学家、数学家、宇宙学家。

● 生平概览

布丰的作品影响了后两代博物学家，包括拉马克和乔治·居维叶。布丰一生出版了的36卷的《自然史》（*Histire Naturelle*）。路易·让·玛丽·道本顿等人根据他的笔记进行补充，并在他去世后的20年内进一步发表研究成果。布丰曾在巴黎植物园担任园长。

该植物学家的名字标准缩写为Buffon。

● 纪念物种

威廉·丹尼尔·约瑟夫·科赫（Wilhelm Daniel Joseph Koch）在 *Synopsis of Flora German* 上设立了属 *Buffonea* 以表示纪念。

林奈在《植物种志》上设立了蟾漆姑属 *Buffonia* 以表示纪念。

● 主要著作

布丰的《自然史》（共36卷，1749—1788）涵盖动物（只有鸟类和四足动物）和矿物质介绍。《自然史》被翻译成多种不同的语言，使他成为当时销量最大的作家之一，与孟德斯鸠、卢梭和伏尔泰齐名。

布丰在《自然史》的开头部分质疑了数学的用处，批评了林奈斯对自然历史的分类学方法，并提出了与现行理论背道而驰的再生产理论——存在论。

布丰指出，尽管环境相似，但不同地区的植物和动物截然不同，这一概念后来被称为布丰定律，被认为是生物地理学的首要原则。他提出一个假设，即物种从创造中心分散后，可能既"改善"又"退化"。他还断言，气候变化可能促进了物种从起源中心的全球传播。布丰考虑了人类和猿类之间的相似之处，但最终否定了两者有共同后裔的可能性。

生平事迹

五九、格里戈里·尼古拉耶维奇·波塔宁

格里戈里·尼古拉耶维奇·波塔宁 Grigory Nikolayevich Potanin(1835年10月4日—1920年6月6日)是俄国民族志学家、自然历史学家、旅行家、博物学家。

● 生平概览

波塔宁是维多利亚时代进入内蒙古的探险家,并且是第一个对该地区许多本地植物进行分类的人。他在我国北方进行了大量采集。代表作为《中国和蒙古国中部相接的唐古特和西藏地区》。

该植物学家的名字标准缩写为 Potanin。

● 纪念物种

以 potaninii 为种加词命名的物种有136个,如青麸杨 Rhus potaninii 以他的名字命名。

卡尔·约翰·马克西莫维奇在 Bulletin de L'Académie Impériale des Sciences de Saint-Pétersbourg 上设立了绵刺属 Potaninia,并且命名了新种 Potaninia mongolica。

海因里希·瓦尔(Heinrich Wawra)在 Sitzungsboer. Acad. Wien 上设立了属 Potanisia 以表示纪念。

● 主要著作

《中国和蒙古国中部相接的唐古特和西藏地区》中记载了他考察的所见的风土人情和自然产物。

> ☞ **其他纪念**
>
> 俄罗斯新西伯利亚的波塔尼斯卡亚街是以他的名字命名的。
> 中国的一种石龙子 *Scincella potanini*,是为了纪念他而命名的。
> 1977年发现的小行星9915波塔宁是以他的名字命名的。

生平事迹

六〇、海因里希·古斯塔夫·阿道夫·恩格勒

海因里希·古斯塔夫·阿道夫·恩格勒 Heinrich Gustav Adolf Engler)（1844年3月25日—1930年10月10日）是德国植物学家，在植物分类学和植物地理学上有重要的贡献。

● **生平概览**

恩格勒创立了著名的被子植物分类系统。他是近代植物分类学泰斗和植物地理学的权威。他命名植物7000余种。代表作为《植物自然科志》(*Die Natürlichen Pflanzenfamilien*)。1913年获得林奈勋章。1920年被选为荷兰皇家文理科学院院士。国际植物分类协会于1986年为纪念他设立了恩格勒奖章。

恩格勒对植物分类学有很大的贡献，他制定的包括从藻类到有花植物的恩格勒分类法目前仍然被广泛应用于植物标本分类中。他编写过大量关于植物分类法的书籍，并雇佣画家绘制了描述约6000种植物的约33000幅版画。

柏林植物园主办的杂志《恩格勒》是以他的名字命名的。有许多植物的属名也是为纪念他命名的，如沙穗属 *Englerastrum*、恩格勒豆属 *Englerodendron* 等。

恩格勒创办了《植物分类、发生学和地理学年鉴》(*Botanische Jahrbücher für Systematik, Pflanzengeschichte und Pflanzengeographie*)，从1881年至今一直在出版。

该植物学家的名字标准缩写为 Engl.。

● 命名物种

世界有7353种植物由恩格勒命名。主要发表于以下刊物：（1）*Botanische Jahrbücher für Systematik, Pflanzengeschichte und Pflanzengeographie*；（2）*Abhandlungen der Koniglichen Akademie der Wissenschaften in Berlin*；（3）*Bulletin of Miscellaneous Information, Royal Gardens, Kew*；（4）*Die Vegetation der Erde: Sammlung Pflanzengeographischer Monographien*；（5）*Flora of West Tropical Africa*。

命名中国物种130种：各个科均有，主要为虎耳草属、天南星科的一些植物。

● 纪念物种

以种加词*engleri*命名的物种有183个。以*engleriana*为种加词命名的物种有148个。以*englerianum*为种加词命名的物种有44个。以*englerastrum*为种加词而命名的物种有23个。以*adolphi*为种加词命名的物种有19个（是以恩格勒的特殊称谓表示纪念）。

诺海默（Nauheimer）和彼得·查尔斯·博伊斯（Peter Charles Boyce）在 *Plant Systematics and Evolution* 上设立了属 *Englerarum* 以表示纪念。

约翰·艾萨克·布里克特（John Isaac Briquet）在 *Botanische Jahrbücher für Systematik, Pflanzengeschichte und Pflanzengeographie* 上设立了沙穗属 *Englerastrum* 以表示纪念。

卡尔·奥古斯特·奥托·霍夫曼（Karl August Otto Hoffmann）在 *Botanische Jahrbücher für Systematik, Pflanzengeschichte und Pflanzengeographie* 上设立了属 *Engleria* 以表示纪念。

菲利普·爱德华·莱昂·范·蒂格姆（Phillippe Édouard Léon van Tieghem）在 *Bulletin de la Société Botanique de France* 上设立了属 *Englerina* 以表示纪念。

阿萨·格雷（Asa Gray）与托马斯·纳特（Tomas Nuttall）在 *Transactions of the American Philosophical Society Held at Philadelphia for Promoting Useful Knowledge* 上设立了属 *Englemannia* 以表示纪念。

让·巴普蒂斯特·路易·皮埃尔（Jean Baptiste Louis Pierre）在 *Notes Botaniques Sapotacées* 上设立了属 *Englerella* 以表示纪念。

六〇、海因里希·古斯塔夫·阿道夫·恩格勒

● **主要著作**

（1）*Additamentum ad Araceas-Pothoideas*；（2）*Das Pflanzenreich：Regni Vetablilis Conspecttus*；（3）*Die Natürlichen Pflanzenfamilien*；（4）*Die Pflanzenwelt Ost-Afrikas und der Nachbargebiete*；（5）*Vegetation der Erde*；（6）*Vorlesungenüber，Specielle and Medicine Inisch-Phariaceutische Botanik*；（7）*Flora of West Tropical Africa*。

☞ 恩格勒金质奖章

恩格勒金质奖章于1986年设立,旨在表彰对植物分类学做出重大贡献的科学家,被认为是植物分类学领域的"终身成就奖"。该奖章每6年评选1次,每次授予1人,并在当年的国际植物学大会上颁发。2017年7月29日,在第19届国际植物学大会上,中国科学院院士、中国科学院植物研究所研究员洪德元被授予恩格勒金质奖章,成为该奖章设立30多年来的第6名获奖人,也是首位获得该奖章的亚洲学者。

☞ 恩格勒系统简介

德国学者恩格勒和柏兰特（Prantl）合作,于1887年出版了23卷的植物分类学巨著《植物自然科志》。该书包括了植物界的所有大群,所有的科的描述均包括形态、解剖、地理分布、经济用途、科和属的特征、分科和分属检索表等,以及配有众多精美的插图。这一系统是分类史上第一个比较完整的自然分类系统（见下图）。在他们的著作里,将植物界分成13门,而被子植物是第13门中的1个亚门,即种子植物门被子植物亚门,并将被子植物亚门分成双子叶植物和单子叶植物2个纲,将单子叶植物放在双子叶植物之前,将"合瓣花"植物归入一类,认为它们是进化的一群植物,计45目280科。恩格勒系统是根据假花说的原理,认为无花瓣、单性、木本、风媒传粉等为原始的特征,而有花瓣、两性、虫媒传粉是进化的特征,为此,他们把荑荑花序类植物当作被子植物中最原始的类型,而把木兰科、毛茛科等科看作较为进化的类型。以假花说为基础,双子叶植物以荑荑花序类为原始类群,在系统的最低位置,整个系统的安排从无花被至有花被,从单花被至双花被,从花被分离至合生,从单性至两性,从花各部少数至多数,从简单至复杂,从风媒至虫媒。恩格勒系统几经修订,

西方著名植物分类学家

在1964年出版的《植物自然科志》第十二版中,已修正了单子叶植物比双子叶植物要原始的错误观点,但仍将双子叶植物分为古生花被亚纲和合瓣花亚纲,基本系统没有多大改变,并把植物界分为17门,其中被子植物独立成被子植物门,共包括2纲62目344科。

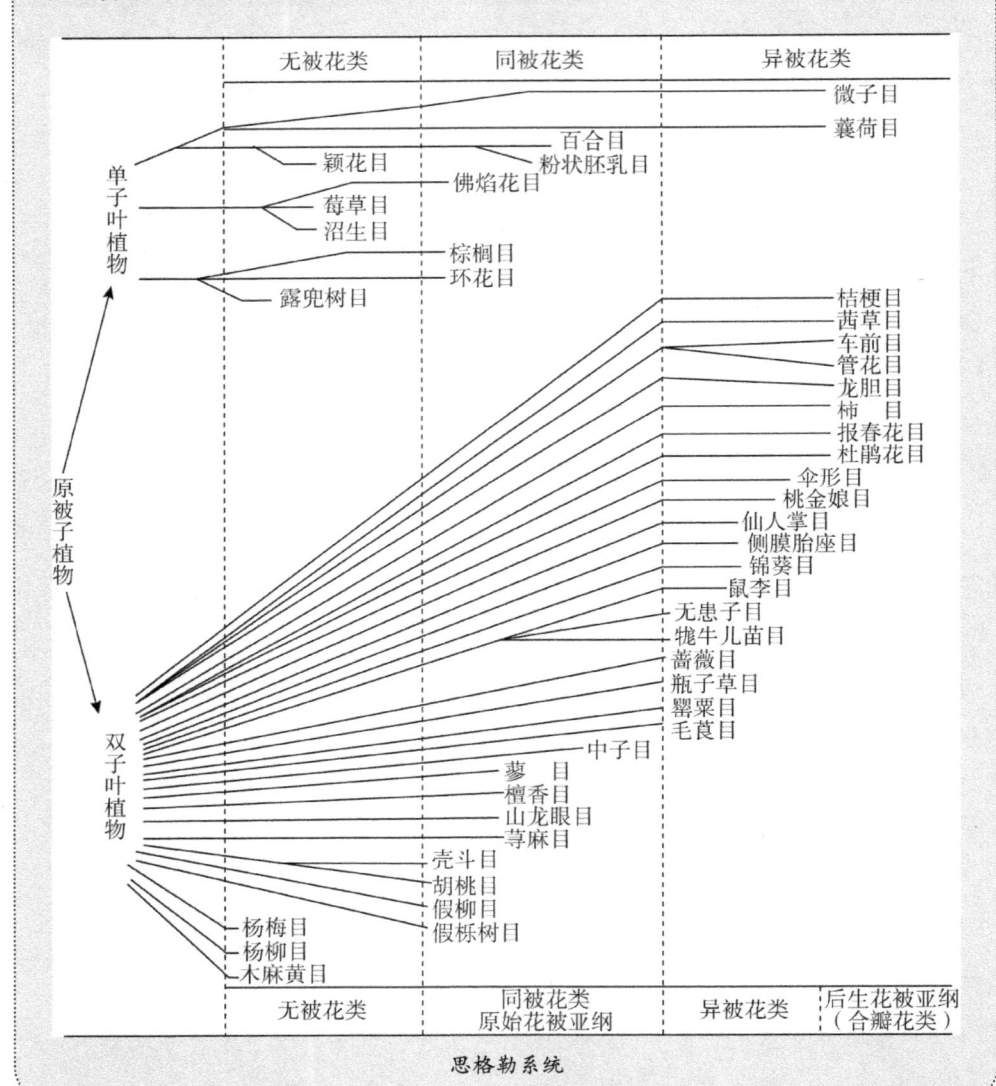

```
                       无被花类      同被花类        异被花类
                                                      ┌ 微子目
                                                      └ 蘘荷目
                                      ┌ 百合目
                                      ├ 粉状胚乳目
单子叶植物 ┬ 颖花目
          ├ 莓草目
          ├ 佛焰花目
          ├ 沼生目
          ├ 棕榈目
          ├ 环花目
          └ 露兜树目
                                                      ┌ 桔梗目
                                                      ├ 茜草目
                                                      ├ 车前目
                                                      ├ 管花目
                                                      ├ 龙胆目
                                                      ├ 柿 目
                                                      ├ 报春花目
                                                      ├ 杜鹃花目
                                                      ├ 伞形目
                                                      ├ 桃金娘目
                                                      ├ 仙人掌目
                                                      ├ 侧膜胎座目
                                                      ├ 锦葵目
                                                      ├ 鼠李目
                                                      ├ 无患子目
                                                      ├ 牻牛儿苗目
                                                      ├ 蔷薇目
                                                      ├ 瓶子草目
                                                      ├ 罂粟目
                                                      └ 毛茛目
原被子植物                            ┌ 中子目
          ↓                           ├ 蓼 目
双子叶植物                            ├ 檀香目
                                      ├ 山龙眼目
                                      ├ 荨麻目
                                      ├ 壳斗目
                                      ├ 胡桃目
                                      ├ 假柳目
                                      ├ 假栎树目
                    ┌ 杨梅目
                    ├ 杨柳目
                    └ 木麻黄目

                       无被花类      同被花类        异被花类    后生花被亚纲
                                     原始花被亚纲                (合瓣花类)
                                   思格勒系统
```

六一、韩马迪（海因里希·拉斐尔·爱德华·冯·汉德尔-马泽蒂）

韩马迪（海因里希·拉斐尔·爱德华·冯·汉德尔-马泽蒂）Heinrich Raphael Eduard Freiherr von Handel-Mazzetti（1882年2月19日—1940年2月1日）是奥地利植物学家。

生平概览

韩马迪是研究中国植物的权威。他出版了许多关于植物区系的作品。代表作有《中国植物志要》（Symbolae Sinicae）、《中国植物地理结构及其亲缘》（The Phytogeographic Structure and Affinities of China）。他命名了1700余种新植物，中国常见的蒲公英、菰白、喜雨草等均由他命名。

该植物学家的名字标准缩写为Hand.-Mazz.。

命名物种

命名世界物种共计1718种。主要发表于以下刊物：（1）Symbolae Sinicae；（2）Anzeiger der Akademie der Wissenschaften in Wien, Mathematische-Naturwissenchaftliche Klasse；（3）Verhandlungen der Zoologisch-Botanischen Gesellschaft in Wien；（4）Sinensia。

命名中国物种：韩马迪是研究中国植物的专家，总计命名中国植物物种1221种，占他在世界范围内发现新种的70%左右。最常见的蒲公英 Taraxacum mongolicum、菰白 Zizania caduciflora 是由韩马迪所命名的。园艺植物扶芳藤

Euonymus fortunei 也是由韩马迪命名的。著名的圆齿狗娃花 *Aster crenatifolius* 就是由韩马迪所采集并命名，模式标本存于中国。

● 纪念物种

莫杰斯特·米哈伊洛维奇·伊尔金（Modest Mikhaĭlovich Iljin）在 *Botanicheskie Materialy Gerbariya Botanicheskogo Instituta Imeni V. L. Komarova Akademii Nauk S S S R. Leningrad* 上设立了属 *Mazzettia* 表示纪念。

以 *handel-mazzettii*、*mazzettii* 为种加词命名的物种是对其纪念。

● 主要著作

（1）《中国西南部的自然杂论》（1927）；（2）《火绒草属系统学专论》（1927）；（3）《中国植物志要》（1937）；（4）《中国植物地理结构及其亲缘》。

☞ 研究中国植物的权威

韩马迪在中国云南、四川和西藏等地进行过植物学考察，并采集了大量植物标本。他从中国回到奥地利维也纳后，潜心于中国植物的研究。因对分布中心在我国西南的报春花属和珍珠菜属植物有精深的研究，他被当时的学术界视为专家。他还邀请了其他一些植物学家研究他收集的植物标本。在此基础上，他又查阅了当时西方各大植物研究机构收藏的中国植物标本，1937年出版了《中国植物志要》。这部著作共分7卷，分别为藻类、真菌、地衣、藓类、苔类、蕨类和种子植物。书中的内容非常丰富，对许多分类群都进行了颇深入的探讨，是当时国际上研究我国植物的一部重要的总结性著作。他也因此被誉为中国植物学研究的权威。这部著作至今对我国植物学者仍有重要的参考价值。他还发表过《中国植物地理结构及其亲缘》等有关我国植物地理学的文献。他还曾根据他在我国西南等地的调查资料，进行了全中国的植物地理分区工作。

☞ 中甸半脊荠的命名与再发现

中甸半脊荠 *Hemilophia serpens* 由韩马迪于1915年6月23日在云南中甸（现香格里拉市）哈巴雪山采集到1号4份模式标本后，便再无采集记录。在

《中国植物志》及 Flora of China 中，该种均被置于葶苈属，命名为中甸葶苈 Draba serpens。2002年，经过严格的形态界定，根据该物种具少量分支的根状茎等特征，其被置于半脊荠属 Hemilophia，并被重新命名为 H. serpens，该物种也成为半脊荠属第5个成员。2019年6月初，中国科学院昆明植物研究所高山植物多样性研究组博士研究生钱栎岇和陈洪梁前往哈巴雪山找寻中甸半脊荠。在出发前，考察队员仔细研读了韩马迪所著采集日记，基本确认了中甸半脊荠所在小地点，最后在海拔4300m的哈巴雪山西坡发现疑似物种，经与模式标本和植物志描述比对，确认其为中甸半脊荠无疑。该物种生长在碎石陡坡，生长状况良好，居群数量可观，但由于地处高山牧场上方，随时可能会受到人为干扰，建议加强保护。中甸半脊荠所在的半脊荠属是横断山高山冰缘带特有属，对该属的深入研究有助于揭示冰缘带物种和生物多样性形成机制，该物种的重新发现为后续研究打下了坚实基础。

☞ 喜雨草的失踪与再发现

1918年8月，韩马迪在湖南西南部的武冈云山发现了一种新的唇形科植物，将其命名为 Ombrocharis dulcis（后被译为喜雨草），并于1936年作为一个新属、新种发表在《中国植物志要》。之后的岁月里，这种柔弱的草却从人们的视线里消失，踪迹全无。喜雨草之所以被国内外植物学家所重视，是因为它是唇形科的一个单种属植物，即属于唇形科喜雨草属，该属仅喜雨草一个种，且目前仅有产于湖南武冈云山的少量几份标本，保存于奥地利维也纳大学植物标本馆和爱丁堡皇家植物园标本馆。1977年出版的《中国植物志》中收录了喜雨草这个湖南特有属、种，并在其中标注："标本未见，摘自原描写。"1992年，我国唇形科专家吴征镒院士到维也纳大学植物标本馆，看到了喜雨草标本，确认喜雨草是一个很特殊的属、种。

2021年9月，湖南发现消失近一个世纪的喜雨草野生植株。研究人员第一次见到了喜雨草活体植物，对喜雨草疑难品种进行了仔细研究，并请中国科学院昆明植物研究所的唇形科专家向春雷进行鉴定，确认正是百年未见的喜雨草。

生平事迹

六二、海因里希·威廉·肖特

海因里希·威廉·肖特 Heinrich Wilhelm Schott（1794年1月7日—1865年3月5日）是奥地利著名植物学家。

● 生平概览

肖特是天南星科专家，建立了天南星科的分类系统。他发现并命名了1200余种新种。为纪念肖特对天南星科分类做出的卓越贡献，国际天南星学会设立了肖特奖（The HW Schott Award），以表彰在天南星科研究中做出卓越贡献的研究者。

该植物分类学家的名字标准缩写为Schott。

● 命名物种

命名世界物种共计1269种。主要发表于以下刊物：（1）*Bonplandia*；（2）*Melet.*；（3）*Prodromus Systematis Aroidearum*；（4）*Synopsis Aroidearum Complectens Enumerationem Systematicam Generum et Specierum Huju Ordinis*。

命名中国物种：多种天南星科植物由他命名。一些蕨类植物，如耳叶肾蕨 *Nephrolepis biserrata* var. *auriculata*、香鳞毛蕨 *Dryopteris fragrans*、连珠蕨 *Aglaomorpha meyeniana*、沼泽蕨 *Thelypteris palustris* var. *palustris*、斜方复叶耳蕨 *Arachniodes rhomboidea*、舌蕨 *Elaphoglossum conforme* 也是由他命名的。

纪念物种

卡尔·海因里希·埃米尔·科赫（Karl Heinrich Emil Koch）在 *C. Koch & Fint. Wochenschr.* 上设立了泉七属 *Steudnera* 以表示纪念。

彼得·查尔斯·博伊斯（Peter Charles Boyce）与黄新英（Sinyeng Wong）在 *Botanical Studies*（*Taipei*）上设立了光籽宿檐属 *Schottarum* 以表示纪念。

彼得·查尔斯·博伊斯（Peter Charles Boyce）与黄新英（Sinyeng Wong）在 *Botanical Studies*（*Taipei*）上设立了刺蕊落檐属 *Schottariella* 以表示纪念。

以 *schottii* 为种加词命名的物种是对其纪念。以 *schottiana* 为种加词命名的物种有62个。以 *schottianum* 为种加词命名的物种有15个。以 *schottianus* 为种加词命名的物种有8个。

主要著作

（1）*Meletemata Botanica*；（2）*Rutaceae*；（3）*Genera Filicum*；（4）*Aroideae*；（5）*Analecta Botanica*；（6）*Synopsis Aroidearum*；（7）*Genera Aroidearum Exposita*；（8）*Prodromus Systematis Aroidearum*；（8）*Aroideae Maximilianae*；（9）*History and Current Status of Systematic Research with Araceae*。

提要：他年轻时为美景宫花园园丁，对园艺颇有造诣，在巴西建立了引人注目的温室花园，后担任美景宫花园园长。1817—1821年去巴西考察，记录了许多高山植物、园林植物，发现了许多天南星科植物。

生平事迹

六三、艾萨克·贝利·鲍尔弗

艾萨克·贝利·鲍尔弗 Isaac Bayley Balfour（1853年3月31日—1922年11月30日）是英国植物学家。

● 生平概览

鲍尔弗1879—1885年任格拉斯哥大学教授，1884—1888年任牛津大学教授，1888—1922年任爱丁堡大学教授及爱丁堡皇家植物园管理员。他也是一位与我国植物研究有密切关系的学者，曾研究和命名了大量由福里斯特采自中国滇、川等地的植物标本，其中包括大量报春花和杜鹃花属植物。他发现了乳香树、龙血树及活血化瘀的中药产品"血竭"。他还发现了泥炭藓可用于伤口包扎。

该植物学家的名字标准缩写为 Balf. f.。

● 命名物种

命名世界物种共计900种。主要发表于以下刊物：(1) *Proceedings of the Royal Society of Edinburgh*；(2) *Transactions of the Royal Society of Edinburgh*；(3) *Botany of Socotra*；(4) *Flora of Mauritius and the Seychelles*；(5) *Phil. Trans.*。

命名中国物种：宿鳞杜鹃 *Rhododendron aperantum*、大果杜鹃 *Rhododendron sinonuttallii*、大花象牙参 *Roscoea humeana*。

纪念物种

以 *balfourii* 为种加词命名的物种是对其纪念。以种加词 *balfouriana* 命名的物种有45个。以 *balfourianum* 为种加词命名的物种有6个。以种加词 *balfourianus* 命名的物种有4个。

罗伯特·布朗（Robert Brown）在 *Prodromus Florae Novae Hollandiae et Insulae van-Diemen* 上设立了属 *Balfouria* 以表示纪念。

主要著作

（1）*Annals of Botany*；（2）*Botany of Socotra*；（3）*Adenium somalense*；（4）*Comparative Morphology and Biology of the Fungi Mycetozoa and Bacteria*。

提要：鲍尔弗发明了用泥炭藓包扎伤口的方法；参加了索科特拉岛考察；在担任爱丁堡皇家植物园园长时，对该植物园进行了改造，使其成为科研机构。该植物园开展中国喜马拉雅植物，特别是杜鹃花与报春花的研究与引进工作。他是一位专门研究中国喜马拉雅植物系统的专家。

生平事迹

六四、雅各布·惠特曼·贝利

雅各布·惠特曼·贝利 Jacob Whitman Bailey（1811—1857）是美国化学家、植物学家、矿物学家，被誉为美国显微镜研究的先驱。

● **生平概览**

贝利是化学家、植物学家、矿物学家，以使用显微镜研究硅藻的开创性工作而闻名，被誉为美国微观研究（显微术）的先驱。他为美国艺术与科学院的副研究员，并任主席。

该植物学家的名字标准缩写为 Bailey。

● **命名物种**

命名世界物种共计8种，如 *Carex litorosa*、*Carex oblata* var. *luzuliformis*、*Carex quadrifida* var. *caeca*、*Carex quadrifida* var. *lenis*、*Carex vicaria* var. *costata*、*Rubus nigrobaccus* var. *sativus*、*Rubus villosus* var. *sativus*。

命名中国物种：如华木槿 *Hibiscus sinosyriacus*、兰花美人蕉 *Canna orchioides* 等。

● **纪念物种**

以 *baileyi* 为种加词命名的物种是对其纪念。

阿萨·格雷（Asa Gray）设立了贝雷草属 *Baileya*。

主要著作

（1）*Microscopical Observations Made in South Carolina, Georgia and Florida Paperback-September*；（2）*Notice of a Memoir by C. G. Ehrenberg, On the Extent and Influence of Microscopic Life in North and South America*；（3）*Microscopical Examination of Soundings, Made by the U. S. Coast Survey Off the Atlantic Coast of the U. S. Instituto Smithsoniano*；（4）*Notes on New Species and Localities of Microscopical Organisms*；(5)*On a Universal Indicator for Microscopes*。

生平事迹

六五、詹姆斯·赛克斯·甘布尔

詹姆斯·赛克斯·甘布尔 James Sykes Gamble（1847年7月2日—1925年10月16日）是英国植物学家。

● 生平概览

甘布尔被誉为印度森林的守护者，专门研究印度次大陆的植物区系。他一直从事林业研究。他创办了英国帝国森林学校，开创了林业教育的先河。他的代表作为《印度木材手册：关于印度与锡兰的乔木和灌木的生长、分布、用途的记述，以及其木材结构的描述》(A Manual of Indian Timbers: An Account of the Growth, Distribution and Uses of the Trees and Shrubs of India and Ceylon with Description of Their Wood-Structure) 等。英国皇家学会会员。他是樟科、禾本科植物研究专家。

该植物学家的名字标准缩写为Gamble。

● 命名物种

命名世界物种共计1152种。主要发表于以下刊物：(1) *Bulletin of Miscellaneous Information, Royal Gardens, Kew*；(2) *Proceedings of the Biological Society of Washington*；(3) *Plantae Wilsonianae*；(4) *Trees of Darjeeling*；(5) *Flora of the Presidency of Madras*。

命名中国物种48种,如紫楠 *Phoebe sheareri*、红脉钓樟 *Lindera rubronervia* 等樟科植物,美竹 *Phyllostachys mannii* 等多数禾本科植物。

● 纪念物种

以 *gamblei*、*gambleanus*、*gambleanum* 为种加词命名的物种是对其纪念。

查尔斯·巴伦·克拉克(Charles Baron Clarke)在 *Flora of British India* 上设立了属 *Gamblea* 以表示纪念。

● 主要著作

(1) *List of the Trees, Shrubs and Large Climbers Found in the Darjeeling District, Bengal*;(2) *A Manual of Indian Timbers: An Account of the Growth, Distribution and Uses of the Trees and Shrubs of India and Ceylon with Description of Their Wood-Structure*;(3) *The Bambuseae of British India*;(4) *Flora of the Presidency of Madras*。

生平事迹

六六、让·巴普蒂斯特·安托尼·皮埃尔·德·莫内·德·拉马克

让·巴普蒂斯特·安托尼·皮埃尔·德·莫内·德·拉马克 Jean Baptiste Antoine Pierre de Monet de Lamarck（1744年8月1日—1829年12月18日）是法国博物学家、生物学家，并且是按照自然法则进行生物进化的观点的早期支持者。

● **生平概览**

拉马克曾参加波美拉尼亚战争，获得了勇敢委员会勋章。之后，拉马克对植物学产生了浓厚的兴趣。1778年，出版了《法国植物志》(Flore Françoise)。1779年，获得了法国科学院的会员资格后成为了动物学教授。1801年，出版了《无脊椎动物系统》(Système des Animaux sans Vertèbres)，对无脊椎动物进行分类，且创造了一个术语——无脊椎动物。他是现代意义上最先使用生物学术语的人之一。拉马克被认为是无脊椎动物学研究的权威，为巴黎科学院院士，被称为法国的林奈。

该植物学家的名字标准缩写为 Lam.。

● **命名物种**

命名3795种物种。主要发表于以下刊物：（1）*Encyclopédie Méthodique Botanique*；（2）*Tableau Encyclopedique et Methodique*；（3）*Flore Françoise, ou Descriptions Succinctes de Toutes les Plantes qui Croissent Naturellement en France*；（4）*Prodromus Systematis Naturalis Regni Vegetabilis*。

命名中国植物物种：各个科均有，以豆科植物居多，较常见的如龙船花 *Ixora*

chinensis、皂荚 Gleditsia sinensis、簕榄花椒 Zanthoxylum avicennae、南瓜 Cucurbita moschata、玉簪 Hosta plantaginea、稠李 Padus racemosa。

纪念物种

以 lamarckii 为种加词命名的物种是对其纪念。以 lamarckiana 为种加词命名的物种有24个，也是纪念拉马克的。以 lamarckianum 为种加词命名的物种有9个，同样是纪念拉马克的。以 lamarckianus 为种加词命名的物种有7个，也是纪念拉马克的。

康拉德·莫恩奇（Conrad Moench）在 Methodus Plantas Horti Botanici et Agri Marburgensis 上设立了金顶草属 Lamarckia 以表示纪念。

主要著作

（1）Voyages du Professeur Pallas, dans Plusieurs Provinces de L'Empire de Russie et dans L'Asie Septentrionale；（2）Encyclopédie Méthodique Botanique；（3）Philosophie Botanique；（4）Flore Françoise；（5）Sur les Systêms et les Méthodes de Botanique, et sur L'Analyse；（6）An Introduction to the Study of Conchology；（7）Histoire Naturelle des Animaux sans Vertèbres；（8）Philosophie Zoologique；（9）Zoological Philosophy: An Exposition with Regard to the Natural History of Animals；（10）Systême des Animaux sans Vertèbres；（11）An Epitome of Lamarck's Arrangement of Testacea；（12）Extrait du Cours de Zoologie du Muséum d'Histoire Naturelle；（14）Lamarck's Genera of Shells, with a Catalogue of Species。

> ☞ 拉马克与达尔文理论的差异
>
> 拉马克和达尔文的生物进化理论的差异一直是后人争论的话题。拉马克是生物进化理论的最早提出者之一；而达尔文的成就显然更高，他被认为是进化论的奠基人。拉马克的生物进化理论主要有用进废退和获得性选择两种；达尔文的进化论概括起来就是物竞天择、适者生存。两者存在一些明显的差异。
>
> 拉马克与达尔文的理论差异本质上在于拉马克认为生物对环境的适应是主动的、温和的。比如，当生物的某种器官能够适应环境的变化时，这种器官就会变强变大，而另一种器官不能适应环境的变化时，这种器官就会逐渐退

化，并且这种变异是通过一代代遗传获得的，是一种渐变的过程。

  而达尔文认为生物对环境的适应是中性的、突变的，生物进化既是生物主动适应环境的过程，也是为了生存被迫做出的变化，并且为了适应环境，这种进化可能是突然进行的。比如，在环境发生突然变化时，生物也具有很强的适应性，目的就是生存。因此，达尔文认为任何生物都具有强大的繁殖能力，这就导致生物之间为了生存的竞争是非常激烈的，所以为了生存，就必须适应环境，这种变异是可逆的，但是并不会因此改变生物的种性。这一点也与拉马克的理论有所差异，因为拉马克认为生物的进化是不可逆的，还可能改变生物的种。

生平事迹

六七、约翰·海因里希·弗里德里希·林克

约翰·海因里希·弗里德里希·林克Johann Heinrich Friedrich Link（1767年2月2日—1850年1月1日）是德国植物学家、真菌学家、动物学家。

● **生平概览**

林克命名了大多数真菌，常见的如冬虫夏草、蜜环菌。他命名了青霉菌。他命名了许多仙人掌科植物，如金虎等。由于成绩斐然，成为包括瑞典皇家科学院成员。他桃李芬芳，许多学生都是植物学家。

该植物学家的名字标准缩写为Link。

● **命名物种**

命名世界物种共计2529种。主要发表于以下刊物：（1）*Ein Journal für die Botanik in Ihrem Ganzen Umfange*；（2）*Abhandlungen der Koniglichen Akademie der Wissenschaften in Berlin*；（3）*Nomenclator Botanicus*；（4）*Enumeratio Plantarum Horti Regii Berolinensis Altera*；（5）*Hortus Regius Botanicus Berolinensis descriptus*；（6）*Physicalische Beschreibung der Canarischen Inseln*；（7）*Flora Brasiliensis*；（8）*Systema Vegetabilium*；（9）*Filicum Species in Horto Regio Botanico Berolinensi*；（10）*Histoire Naturelle des Iles Canaries*；（11）*Handbuch zur Erkennung der Nutzbarsten und am Haufigsten Vorkommenden Gewächse*；（12）*Species Plantarum*。

命名中国物种：多数禾本科植物由他命名。著名的蜡梅 *Chimonanthus praecox*、大叶樟 *Deyeuxia langsdorffii* 等也是由他命名。

● 纪念物种

以 *linkii*、*linkianus*、*linkianum*、*linkiana* 为种加词命名的物种是对其纪念。

安东尼奥·约瑟夫·卡瓦尼尔（Antonio José Cavanilles）在 *Icones et Descriptiones Plantarum，quae aut Sponte* 上设立了属 *Linkia* 以表示纪念。

● 主要著作

（1）*Grundlehren der Anatomie und Physiologie der Pflanzen*（1807）；（2）*Nachträge zu den Grundlehren Etc*（1809）；（3）*Die Urwelt und das Altertum，Erläutert Durch Die Naturkunde*（1820—1822）；（4）*Das Altertum und der Übergang zur Neuern Zeit*（1842）；（5）*Elementa Philosophiae Botanicae*（1824）；（6）*Anatomisch-Botanische Abbildungen zur Erläuterung der Grundlehren der Kräuterkunde*（1837—1842）；（7）*Ausgewählte Anatomisch-Botanische Abbildungen*（1839—1842）；（8）*Filicum Species in Horto Regio Berolinensi Cultae*（1841）；（9）*Travels in Portugal and Through France and Spain*；（10）*Flore Portugaise*。

☞ 关于动物学的研究

犁头鳐属 *Rhinobatos* 是林克于1790年以林奈发表的琴犁头鳐作模式种而建立的。

☞ 青霉素的命名

林克于1809年命名青霉菌属 *Penicillium* 这一属名，并描述了青霉菌的特征。

提要：林克是一位知识广博的科学家。他是植物精细解剖学家，还是植物生理学家、真菌学家、动物学家，又具有管理才能，任柏林植物园园长、罗斯托克大学校长。

生平事迹

六八、约翰内斯·欧根纽斯·比洛·瓦明

约翰内斯·欧根纽斯·比洛·瓦明 Johannes Eugenius Bülow Warming(1841—1924)为丹麦植物学家,是现代生态学的创立人。

● **生平概览**

瓦明最早在大学里主讲生态学课程,并界定生态学概念,一生写了大量植物学、植物地理学和生态学的著作。1895年,他出版划时代的著作《以植物生态地理为基础的植物分布学》(1909年出版英译本时更名为《植物生态学》),书中系统整理了20世纪以前可以归在生态学名下的知识,生态学成为一门现代科学肇始于此。

该植物学家的名字标准缩写为 Warm.。

● **命名物种**

命名世界物种共计316种。主要发表于:(1)*Videnskabelige Meddelelser fra den Naturhistoriske Forening I Kjöbenhavn*;(2)*Otia Botanica Hamburgensia*;(3)*Medd. Naturh. Foren. Kjoeb.*;(4)*Det Kongelige Danske Videnskabernes Selskabs Skrifter*;(5)*Bulletin de la Société Botanique de France*。

● **纪念物种**

以 *warmingii* 为种加词命名的物种是对其纪念。以 *warmingiana* 为种加词命名

的物种有75个。以 *warmingianum* 为种加词命名的物种13个。以 *warmingianus* 为种加词命名的物种有4个。

海因里希·古斯塔夫·阿道夫·恩格勒（Heinrich Gustav Adolf Engler）在 *Flora Brasiliensis* 上设立了瓦明兰属 *Warmingia* 以表示纪念。

● 主要著作

（1）*Plantesamfund: Grundtræk af den Kologiske Plantegeografi*；（2）*Lehrbuch der Ökologischen Pflanzengeographie: Eine Einführung in die Kenntnis der Pflanzenvereine*；（3）*Zbiorowiska Roślinne Zarys Ekologicznej Geografii Roślin*；（4）*Oecology of Plants*。

生平事迹

六九、约翰·巴特拉姆

约翰·巴特拉姆 John Bartram（1699 年 3 月 23 日—1777 年 9 月 22 日）是美国植物学家、园艺学家和探险家。

● **生平概览**

巴特拉姆被称为"美国植物学之父"，林奈称他是"世界上最伟大的自然植物学家"。巴特拉姆是国际上第一个被承认的于美洲土生土长、有欧洲血统的科学家。他的理论有：海底有许多像在陆地上一样的大山；花岗岩是地热和压力作用下地表层下基岩的黏泥和亚硝酸盐相互作用形成的；陆地大山上的海贝和化石表明，更多的陆地是水下地壳板块上升形成的。这些理论对后来的地质学发展具有深远的影响。

该植物学家的名字标准缩写为 Bartram。

● **命名物种**

命名世界物种 Andromeda plumata、Convallaria pseudomajalis、Lonicera canadensis、Monarda oswegoensis、Monarda varians 等。

命名中国物种：如山麻树 Commersonia bartramia。

● **纪念物种**

林奈在 Genera Plantarum 上设立了球苔属 Bartramia 以表示纪念。

● 主要著作

（1）*Catalogue of American Trees, Shrubs and Herbacious Plants*；（2）*Observations on the Inhabitants, Climate, Soil, Rivers, Productions, Animals, and Other Matters Worthy of Notice*。

提要：巴特拉姆真正实现了将美洲植物传入欧洲。他是栽培植物专家，不断改进植物的栽培技术。

生平事迹

七〇、约翰·贝伦登·克尔

约翰·贝伦登·克尔 John Bellenden Ker（1764—1842，最初名叫约翰·高勒 John Gawler）是英国植物学家。

● **生平概览**

克尔因撰写《植物乳球菌校正》（*Recensio Plantarum*）》而闻名。他命名了许多植物物种，如一串红等常见物种由他命名。他写的英语童谣很有名。

该植物学家的名字标准缩写为 Ker-Gawl.。

● **命名物种**

共计命名世界植物544种。主要发表以下刊物：（1）*Botanical Register*；（2）*Journal of Science and the Arts*；（3）*Botanical Magazine*。

命名中国植物：一串红 *Salvia splendens*、麦冬 *Ophiopogon japonicus*、花叶竹芋 *Maranta bicolor*、珊瑚树 *Viburnum odoratissimum*、仙人掌 *Opuntia stricta* var. *dillenii*、毛百合 *Lilium dauricum* 等几十种植物。

克尔命名了麦冬属 *Ophiopogon*、沿阶草属 *Ophiopogon*。

旋花科 Convolvulaceae 的 *Ipomoea platensis*（一种甘薯）由克尔于1818年首次描述。堪察加贝母 *Fritillaria camtschatcensis* 也是由他命名。

● 纪念物种

以 *bellendenii* 为种加词命名的物种是对其纪念。

康斯坦丁·塞缪尔·拉菲内克（Constantine Samuel Rafinesque）在 *Genera Plantarum Secundum Ordines Naturales Disposita* 上设立了属 *Bellendenia* 以表示纪念。

罗伯特·布朗（Robert Brown）在 *Transactions of the Linnean Society of London* 上设立了属 *Bellendena* 以表示纪念。

● 主要著作

（1）*An Essay on the Archaeology of Our Popular Phrases, and Nursery Rhymes*；（2）*Eriospermum Paradoxum*（1811）；（3）*Iridearum Genera*（1827）；（4）*Illustrationes Florae Novae Hollandiae*（1813）；（5）*Recensio Plantarum*。

生平事迹

七一、约翰·吉尔伯特·贝克

约翰·吉尔伯特·贝克 John Gilbert Baker（1834年1月13日—1920年8月16日）是英国植物学家。

● **生平概览**

贝克出生于北约克郡基斯堡，1866—1899年在英国皇家植物园的标本馆工作。他曾为石蒜科、凤梨科、鸢尾科、百合科等植物以及蕨类植物写过许多单行本手册，如《石蒜科、六出花科和龙舌兰科手册》《凤梨科手册》《鸢尾科手册》等。命名了9000余种。

该植物学家的名字标准缩写为 Baker。

● **命名物种**

命名世界物种9164个。主要发表于以下刊物：(1) Flora of Tropical Africa；(2) Journal of Botany, British and Foreign；(3) Bulletin of Miscellaneous Information, Royal Gardens, Kew。

命名中国物种：多数蕨类植物、百合科植物、豆科植物由他命名。

● **纪念物种**

以 bakeriana、bakerianum 为种加词命名的物种是对其纪念。

莱曼·布拉德福德·史密斯（Lyman Bradford Smith）在 *Contributions from the Gray Herbarium of Harvard University* 上设立了属 *Bakerantha* 是纪念他的。

贝特霍尔德·卡尔·基曼（Berthold Carl Seemann）在 *Journal of Botany, British and Foreign* 上设立了属 *Bakeria* 是对他的纪念。

马塞尔·玛丽·莫里斯·杜巴德（Marcel Marie Maurice Dubard）在 *Notulae Systematicae. Herbier du Muséum de Paris* 上设立了属 *Bakeriella* 是对其纪念。

海恩里希·古斯塔夫·阿道夫·恩格勒（Heinrich Gustav Adolf Engler）在 *Monographien Afrikanischer Pflanzen-Familien und Gattungen* 上设立了属 *Bakerisideroxylon* 是对其纪念。

约翰·哈钦松（John Hutchinson）在 *Genera of Flowering Plant*s 上设立了属 *Bakerophyton* 是对其纪念。

● 主要著作

（1）*A Supplement to Baines' Flora of Yorkshire*（1854）；（2）*The Flowering Plants and Ferns of Great Britain*（1855）；（3）*A New Flora of Northumberland and Durham*（1868）；（4）*Flora of Mauritius and the Seychelles*（1877）；（5）*A Flora of the English Lake District*（1885）；（6）*Handbook of the Fern-Allies*（1887）；（7）*Handbook of the Amaryllideae, Including the Alstroemerieae and Agaveae*（1888）；（8）*Handbook of the Bromeliaceae*（1889）；（9）*A summary of the New Ferns Which Have Been Discovered or Described Since*（1874）；（10）*Handbook of the Irideae*（1892）；（11）*Revision of the Genera and Species of Tulipeae*；（12）*Botanical Society of Britain and Ireland Benjamin Daydon Jackson Frans Stafleu International Plant Names Index Integrated Authority File*；（13）*Contributions to the Flora of Madagascar Part Ⅲ. Incompletæ*；（14）*A Synopsis of Aloineae and Yuccoideae*；（15）*Revision of the Genera and Species of Asparagaceae*；（16）*On the English Mints*；（17）*The Leguminosae of tropical Africa*；（18）*Review of the British Roses：Especially Those of the North of England*。

生平事迹

七二、约翰·哈钦松

约翰·哈钦松 John Hutchinson（1884年4月7日—1972年9月2日）是英国植物学家，对植物分类学有很大贡献。

● 生平概览

他建立了哈钦松被子植物分类系统。这个分类系统虽然现在不太常用，且目前已经被大多数植物学家所否定，但他对植物形态的精确描述、提出的利用图谱和检索工具的方法仍然被肯定，具有深远的影响。这个系统发表于《被子植物属志》(The Genera of Flowering Plants)。他两次在非洲考察，发现了许多新植物，发表了《一位南非植物学家》(A Botanist in Southern Africa)。主要研究方向为铁苋菜属、鹅掌柴属、山黄菊属，以及杜鹃花科等。

该植物学家的名字标准缩写为 Hutch.。

● 命名物种

命名世界物种1777种。主要发表于以下刊物：(1) Bulletin of Miscellaneous Information, Royal Gardens, Kew；(2) Flora of Tropical Africa；(3) Nordic Journal of Botany；(4) Das Pflanzenreich。

命名中国物种很多，一些杜鹃花科、毛茛科植物由他命名。

● 纪念物种

马库斯·尤金·琼斯（Marcus Eugene Jones）在 *Contributions to Western Botany* 上设立了属 *Hutchinsonia* 以表示纪念。

以他的名字命名的物种共有 35 个。以 *hutchinsonii*、*hutchinsoniana*、*hutchinsonianum* 为种加词命名的物种均是纪念哈钦松的。

● 主要著作

（1）*Common Wild Flowers*（1945）；（2）*More Common Wild Flowers*（1948）；(3)*Uncommon Wild Flowers*(1950)；(4)*British Wild Flowers*(1955)；(5)*The Story of Plants and Their Uses to Man*(1948)；(6)*A Botanist in Southern Africa*(1946)；(7)*Flora of West Tropical Africa*；(8)*The Families of Flowering Plants*；(9)*The Genera of Flowering Plants*(1964)；(10)*Evolution and Phylogeny of Flowering Plants*(1969)。

☞ 哈钦松植物分类系统简介

哈钦松综合了边沁和胡克两流派的分类体系，发表了一个与恩格勒分类系统相对立的被子植物分类系统——哈钦松分类系统。在其主要著作《有花植物科志》(*The Families of Flowering Plants*)中，他以真花学说为基础，认为两性花、木本、花各部分分离、不定数的为原始性状，而单性花、草本、花各部分结合、有定数为次生性状，花螺旋状排列比轮状排列原始。他把双子叶植物分为木本和草本两大支，从木兰目演化出一支木本植物，从毛茛目演化出一支草本植物，认为这两支是平行发展的，单子叶植物起源于双子叶植物的毛茛目。现今已少有赞同哈钦松观点的学者。他最大的贡献在于对植物形态的精确描述以及提出利用图谱、检索工具的方法。哈钦松以24条关于开花植物分类的意见而闻名。

七二、约翰·哈钦松

被子植物的哈钦松分类系统图

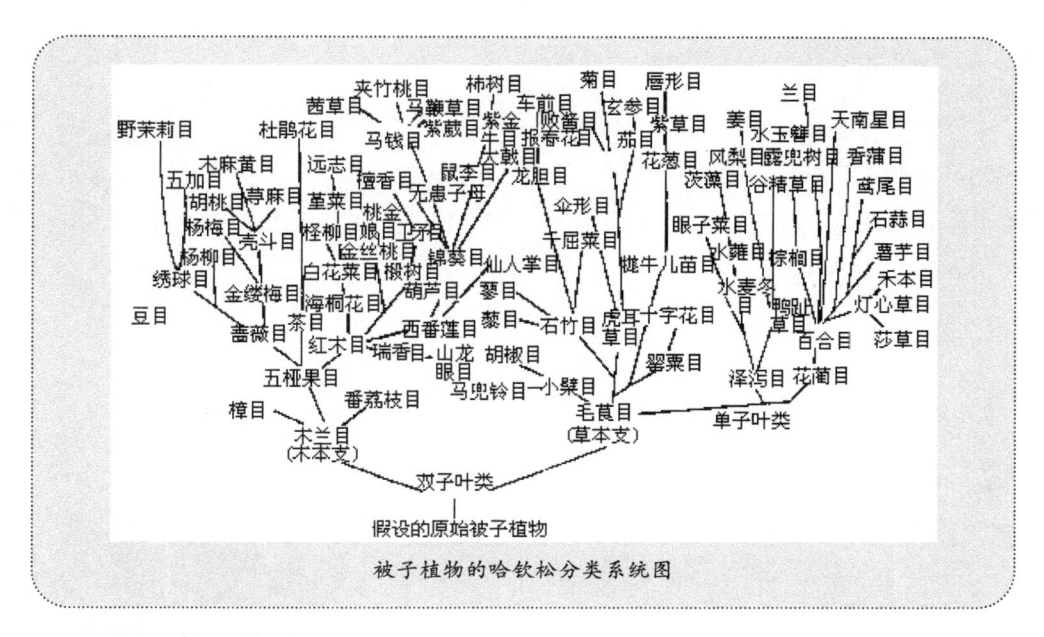

提要：他先后担任英国皇家植物园印度部园长、非洲部园长、博物馆馆长。他最大的贡献在于创立植物分类系统。他先后两次去南非采集植物标本。这两次南非考察使他形成了自己的分类系统体系，同时发现了许多新物种。

生平事迹

七三、约翰·林德利

约翰·林德利 John Lindley（1799年2月8日—1865年11月1日）是英国植物学家，世界著名兰科植物学家。

● 生平概览

林德利曾试图建立一个植物自然分类体系，极大地促进了从人为分类体系到自然分类体系的过渡。这是对德堪多分类系统的进一步发展。他在系统中引入了分类等级较高的概念。他是世界著名的兰科植物专家，命名了6000余种物种。他对玫瑰也很有研究，出版了多部关于玫瑰的著作。

该植物学家的名字标准缩写为 Lindl.。

● 命名物种

命名世界物种共计6286种。主要发表于以下刊物：(1) *Journal of the Horticultural Society of London*；(2) *Bäume, Sträucher und Halbsträucher, Welche in Mittel- und Nord-Europa im Freien Kultivirt Werden*；(3) *Gardeners' Chronicle*；(4) *Penny Cyclopædia of the Society for the Diffusion of Useful Knowledge*。

命名中国物种432种，多数为兰花，其他科物种有马银花、紫丁香、苦槠、榆叶梅、十大功劳、石斑木、樱桃、榿树、巨杉、香榧、黄刺玫、枸骨、络石、结香、枇杷、李子树。

● 纪念物种

克里斯蒂安·戈特弗里德·丹尼尔·尼斯·冯·埃森贝克（Christian Gottfried Daniel Nees von Esenbeck）在 *Flora Oder Allgemeine Botanische Zeitung* 上设立了属 *Lindleya* 以表示纪念。

以 *lindleyi*、*lindleyana*、*lindleyanum*、*lindleyanus*、*lindleya*、*lindleyoides* 等为种加词命名的有 200 多个物种。

刊物 *Lindleyana* 也是以林德利的名字命名的，以对其加以纪念。

● 主要著作

（1）*Pomologia Britannic：Rosarum Monographia*；（2）*An Introduction to Botany*；（3）*The Fossil Flora of Great Britain*；（4）*The Elements of Botany*；（5）*The Elements of Botany, Structural and Physiological*；（6）*Flora Medica a Botanical Account of All the More Important Plants Used in Medicine, in Different Parts of the World*；（7）*Ladies' Botany*。

生平事迹

七四、约翰·雷

约翰·雷 John Ray(1627年11月29日—1705年1月17日)是英国自然主义者(用自然原因或自然原理来解释一切现象)、英国植物学家、博物学家。

● **生平概览**

在1670年以前,他多匿名发表著作;1670年以后,他才以约翰·雷(John Ray)的名字在作品上署名,"John Ray"也成为人们对他的习惯称呼。他发表了有关植物学、动物学和自然神学的重要著作。他对植物的分类为现代植物分类学的发展奠定了重要基础。雷拒绝用先入为主的、以类型系统对物种进行分类的二分法,而是根据观察中出现的相似性和差异对植物进行分类。他是最早尝试对物种概念进行生物学定义的人之一。他被称为现代博物学之父、英国自然史之父。他出版了大量著作,如《植物分类新方法》(*Methodus Plantarum Nova*)、《植物通史》(*Historia Generalis Plantarum*)。其著作中包含约18000种植物,首次将相似的植物放在一起,将不同的分离开,不同于早期仅按乔木、灌木、草本的大致分类,而是进行了更细致的划分。他首次认识到单、双子叶性状的关键性分类因素,引导了"自然"分类系统的发展,是第一个提出"物种(speces)"生物学定义的人。

该植物学家的名字标准缩写为 Ray。

● **纪念物种**

科拉·梅尼戈斯(Kora Menegoz)与亚历杭德罗·E.维拉罗尔(Alejandro E. Villarroel)在 *Phytotaxa* 上设立了属 *Rayenia* 以表示纪念。

卡尔·丹尼尔·弗里德里希·迈斯纳（Carl Daniel Friedrich Meisner）设立了属 *Rayania* 以表示纪念。

卡拉威·荷马·多德森（Calaway Homer Dodson）在 *Icones Plantarum Tropicarum* 上设立了属 *Raycadenco* 以表示纪念。

米歇尔·阿丹森（Michel Adanson）在 *Familles des Plantes* 上设立了属 *Janraia* 以表示纪念。

Polygonum rayi、*Syngonium rayi*、*Philodendron rayanum* 等命名是为了纪念雷。

主要著作

雷出版了大约23部作品。著名的著作有《英格兰植物目录》（*Catalogus Plantarum Angliae*）（1670）、《植物分类新方法》（*Methodus Plantarum Nova*）（1682）和《植物通史》（*Historia Generalis Plantarum*）（3卷，1686—1704）。在《上帝在创造中显示的智慧》（*The Wisdom of God Manifested in the Works of the Creation*）（1691）一书中，雷讨论了生物对环境的自我适应问题。

> ☞ **在植物分类学方向的贡献**
>
> 雷在植物分类学上跨越了传统的思想，使其变得越来越理论化和系统化，最后脱离亚里士多德分类原则。尽管他早期坚持亚里士多德分类原则，但他的第一部植物学著作《植物图册》几乎完全是描述性的，按字母对植物排序。
>
> 雷的分类系统，从无胚植物或低等植物（隐花植物）和有胚植物（完美植物）或高等植物（种子植物）之间的划分开始。后者按生命形式划分，如乔木（乔木）、灌木（灌木）、亚灌木（灌木）和草本植物（草本），最后按共同特征进行分类。他把乔木分为8组；灌木分为2组，即具刺的（小檗属）和非具刺的（茉莉属等）；亚灌木组成1个单类群；草本植物分为21个类群。
>
> 在《植物通史》中，他将整个植物界分为草本支与木本支。其中，草本支分为不完全胚植物（隐花植物）和完全胚植物（种子植物），种子植物又分为单子叶植物与双子叶植物；木本支分为单子叶植物与双子叶植物。

生平事迹

七五、约瑟夫·道尔顿·胡克

约瑟夫·道尔顿·胡克Joseph Dalton Hooker(1817年6月30日—1911年12月10日)被公认为是19世纪最重要的植物学家之一,是那个时代杰出的科学家,也是一位多产的作家。

● 生平概览

在胡克身上,学者素质与冒险家精神一直相得益彰,完美地结合在一起。其在喜马拉雅地区的考察是博物学发展史上的重要一笔,其撰写的《喜马拉雅山日记》和华莱士的《马来群岛》、达尔文的《随小猎犬号航行考察》一起构成了科学奥秘之旅的三部曲。在他任邱园园长时,邱园从11英亩(1英亩≈4047平方米)扩大到300英亩,增建了20座温室,接收了超过4500种植物,其中就有橡胶树和金鸡纳树,并使英国人对杜鹃花产生了极大的兴趣。胡克是全球植物学考察的先驱之一,曾参加过北极考察、喜马拉雅地区及印度次大陆考察、南部亚洲巴勒斯坦等区域考察、北非摩洛哥考察及北美西部考察,创建了植物地理学,在全球众多植物区域地理划分与跨大陆植物间断分布的理论等方面建树颇丰。他极大提升了邱园的地位。他命名物种1万多种,与边沁合作编撰了《植物属志》。他是达尔文进化论初期的贡献者和坚定支持者。

该植物学家的名字标准缩写为Hook. f.。

● 命名物种

命名世界物种11864种。主要发表于以下刊物:(1)*Flora Capensis: Being a Systematic Description of the Plants of the Cape Colony, Caffraria, and Port Natal*;

(2)*Flora Australiensis*;(3)*Handbook of the New Zealand Flora*。

● 纪念物种

理查德·安东尼·索尔兹伯里（Richard Anthony Salisbury）在 *The Paradisus Londinensis* 上设立了属 *Hookera* 以表示纪念。

叶夫极尼·鲍里索维奇·阿列克谢耶夫（Evgenii Borisovich Alexeev）在 *Byulleten Moskovskogo Obshchestva Ispytatelei Prirody Otdel Biologicheski* 上设立了属 *Hookerochloa* 以表示纪念。

卡尔·恩斯特·奥托·昆茨（Carl Ernst Otto Kuntze）在 *Revisio Generum Plantarum*: *Vascularium Omnium Atque Cellularium Multarum Secundum Leges Nomeclaturae Internationales Cum Enumeratione Plantarum Exoticarum in Itinere Mundi Collectarum* 上设立了属 *Hookerina* 以表示纪念。

菲利浦·爱德华·莱昂·范·蒂格姆（Phillippe Édouard Léon van Tieghem）在 *Bulletin de la Société Botanique de France* 上设立了属 *Hookerella* 以表示纪念。

全世界以胡克的名字命名的物种有 1300 多种。以 *hookeri* 为种加词命名的物种有 843 种。以 *hookerii* 为种加词命名的物种有 1 种。以 *hookeriana* 为种加词命名的物种有 344 种。以 *hookerianum* 为种加词命名的物种有 92 种。以 *hookerianus* 为种加词命名的物种有 58 种。

● 主要著作

（1）《锡金—喜马拉雅山区的杜鹃花》；（2）《喜马拉雅植物插图》；（3）《印度植物志》；（4）《南极探险植物》；（5）《新西兰植物手册》；（6）《印度兰花世纪》；（7）《植物属志》；（8）《不列颠植物》；（9）《喜马拉雅山日记》。

☞ 煤核的发现

胡克首次发现了煤核（coal ball），并研究了煤核中的植物化石。这是一项非常了不起的古植物学成就，开拓了一个崭新而广阔的古植物学研究领域。1846 年，时年 29 岁的"小胡克"以植物学家的身份就职于英国地质调查局，从事古植物学研究工作。他在威尔士的煤层中寻找植物化石。1855 年，"小胡克"与英国著名地质学家和古植物学爱德华·威廉·宾尼（Edward William

Binney）合作发表了一篇研究论文，首次研究了植物化石的重要研究材料——煤核。他们成为人类研究煤核植物化石的先驱。

☞ 胡克一家的科研贡献

1839年，约瑟夫·道尔顿·胡克随着英国海军去南极地区、福克兰群岛、新西兰、塔斯马尼亚岛等地考察。之后，他出版了6卷的考察报告。1847年，他去印度东北部、尼泊尔、锡兰考察，采集到6万多份标本后回国，包括大量新种。之后，他出版了《喜马拉雅日记》和《印度植物志》。1860年后，他相继去巴勒斯坦、摩洛哥、洛基山和加利福尼亚考察。

约瑟夫·道尔顿·胡克的父亲威廉·杰克逊·胡克（1785—1865）是著名植物学家、大学教授和邱园第一任园长。1865年父亲去世后，约瑟夫·道尔顿·胡克继任邱园园长，扩建了邱园的岩石园、树木园、松树园和标本馆、博物馆，引种热带植物（如橡胶、咖啡、油棕等），以及世界各地的经济植物（包括他亲自采集的喜马拉雅山区的杜鹃花）。当时，邱园收藏活植物5万种，标本600万号，成为世界植物研究中心和宝库。在努力把邱园建设成为世界植物研究中心的同时，他还命名了众多的植物新种、属，经过20多年的努力，和边沁合作出版了《植物属志》。胡克被达尔文称为最亲爱的朋友，他们"同是周游过世界的人，又在从事一样的工作"（达尔文语）。他们热爱自然、追求真理、献身事业，一直为后代所敬仰。1911年逝世后，后人在他的墓地墙壁上画下他生前最喜爱的非洲马兜铃、马来西亚白边猪笼草、美洲金鸡纳树等5种植物作为他的"墓志铭"。

生平事迹

七六、约瑟夫·德·朱西厄

约瑟夫·德·朱西厄Joseph de Jussieu（1704年9月3日—1779年4月11日）是法国植物学家和探险家。

● **生平概览**

朱西厄将向日葵引入欧洲。朱西厄在完成学业之后，在巴黎大学教授植物学和医学。他曾前往秘鲁探测赤道附近经线的曲率，以证明地球是一个扁圆球体，但这次活动让他在安第斯山消耗了整整36年时间，回到法国时精神和身体已近崩溃，于1779年去世。

该植物学家的名字标准缩写为J. Juss.。

● **命名物种**

朱西厄与拉马克共同命名了属Cantua。
他命名Calibrachoa parviflora、Calibrachoa parviflora、Verrucularina glaucophylla。

● **纪念物种**

以jussieui、jussieuana、jussieuanum为种加词命名的物种是对其纪念。
Banisteria leiocarpa var. jussieu也是对其纪念。
威廉·休斯顿（William Houstoun）在Reliq.上设立了属Jussieuia以表示纪念。
奥古斯丁·彼拉姆斯·德堪多（Augustin Pyramus de Candolle）在Prodromus Systematis Naturalis Regni Vegetabilis上设立了属Jussieuaea以表示纪念。

七七、约瑟夫·弗朗西斯·查尔斯·洛克

约瑟夫·弗朗西斯·查尔斯·洛克 Joseph Francis Charles Rock(1884—1962)是美籍奥地利探险家、人类学家、植物学家及纳西学著名学者。

● 生平概览

1922年,洛克以撰稿人、探险家的身份从泰缅边境进入云南考察。1922—1949年,他周游了云南的丽江、迪庆、怒江等地,广泛收集整理当地的民族文化及植物标本,并把丽江作为美国地理学会云南探险总部的所在地,潜心研究纳西族的历史、地理、语言、民俗等。所著的《中国西南古纳西王国》一书把中国西南地区的地理风貌、人文风情和历史文化介绍给了全世界。

该植物学家的名字标准缩写为 Rock。

● 命名物种

命名世界物种 152 种。主要发表于以下刊物:(1) *Indigenous Trees of the Hawaiian Islands*;(2) *Bulletin, College of Hawaii Publications*;(3) *Monographic Study of the Hawaiian Species of the Tribe Lobelioideae Family Campanulaceae*;(4) *Occasional Papers of Bernice Pauahi Bishop Museum of Polynesian Ethnology and Natural History*;(5) *Bulletin of the Torrey Botanical*。

七七、约瑟夫·弗朗西斯·查尔斯·洛克

● 纪念物种

安东·海默尔（Anton Heimerl）在 Oesterreichische Botanische Zeitschrift 上设立了属 Rockia 表示纪念。

赫伯特·肯尼思·艾里·肖（Herbert Kenneth Airy Shaw）在 Kew Bulletin 上设立了属 Rockinghamia 以表示纪念。

以 rockii、rockianum、rockianus 为种加词命名的物种是对其纪念。

● 主要著作

(1) The Indigenous Trees of the Hawaiian Islands (1913); (2) The Ornamental Trees of Hawaii (1917); (3) The Leguminous Plants of Hawaii (1920); (4) Hunting the Chaulmoogra Tree (1922); (5) Banishing the Devil of Disease Among the Nashi: Weird Ceremonies Performed by an Aboriginal Tribe in the Heart of Yunnan Province (1924); (6) Land of the Yellow Lama: National Geographic Society Explorer Visits the Strange Kingdom of Muli, Beyond the Likiang Snow Range of Yunnan, China (1924); (7) Through the Great River Trenches of Asia: National Geographic Society Explorer Follows the Yangtze, Mekong, and Salwin Through Mighty Gorges (1926); (8) Life among the Lamas of Choni: Describing the Mystery Plays and Butter Festival in the Monastery of an Almost Unknown Tibetan Principality in Kansu Province, China (1928); (9) Butter as a Medium of Religious Art (1929); (10) Choni, the Place of Strange Festivals (1929); (11) Glories of the Minya Konka: Magnificent Snow Peaks of the China-Tibetan Border are Photographed at Close Range by a National Geographic Society Expedition (1930); (12) Konka Risumgongba, Holy Mountain of the Outlaws (1931); (13) The Land of the Tebbus (1933); (14) Sungmas, the Living Oracles of the Tibetan Church (1935); (15) The Amnye Ma-Chhen Range and Adjacent Regions: A Monographic Study (1956); (16) The Ancient Na-Khi Kingdom of Southwest China。

生平事迹

七八、约瑟夫·帕克斯顿

约瑟夫·帕克斯顿 Joseph Paxton（1803 年 8 月 3 日—1865 年 6 月 8 日）是英国植物学家、建筑设计师。

● **生平概览**

帕克斯顿初为德文郡公爵的园林工人，后成为家务总管。1840 年用铁和玻璃结构建造了一间温室。1850 年为英国国际博览会设计展览厅，采用铸铁预制构件和玻璃建成。该建筑有"水晶宫"之称。这不仅反映了英国工业革命的成果，也促进了 19 世纪的建筑技术革命。他在 1843 年负责设计伯肯海德公园，受王莲叶子的背面有粗壮的经脉纵横交错的启发，以铁栏和木制拱肋为结构，用玻璃作为墙面，首创了温室。帕克斯顿因此被册封为皇家骑士。

他命名物种 300 余种，并以维多利亚命名了王莲属，将其作为小礼物献给了维多利亚女王。他多才多艺。他曾在英国奇恩威克花园工作，并被聘为该花园的首席园艺师。1846 年，英国皇家植物园获得王莲种子，但无法使其开花，后在他的指导下，王莲成功开花。他还是一位植物画家，绘制了许多精美的植物画。这些画已成为艺术宝藏。他与约翰·林德利一起编写了三卷本《帕克斯顿的伦敦花园》（*Paxton's Flower Garden*）。

该植物学家的名字标准缩写为 Paxton。

● **命名物种**

命名世界物种共计 332 种。主要发表于以下刊物：（1）*Paxton's Flower Garden*；

（2）*Mag.*；（3）*Paxton's Magazine of Botany, and Register of Flowering Plants*；（4）*A Pocket Botanical Dictionary, Comprising the Names, History, and Culture of All Plants Known in Britain*；（5）*Florist, Fruitist, and Garden Miscellany*；（6）*Nomenclator Botanicus*；（7）*Flor. Mag.*。

命名中国物种：秋花独蒜兰 *Pleione maculata*、指甲兰 *Aerides falcata*、素馨叶白英 *Solanum jasminoides*、郁香忍冬 *Lonicera fragrantissima*、枸骨 *Ilex cornuta*、流苏树 *Chionanthus retusus* 等由其命名。

● 纪念物种

约翰·林德利（John Lindley）在 *Edwards's Botanical Register* 上设立了属 *Paxtonia* 以表示纪念。

以 *paxtonii*、*paxtoniana* 为种加词命名的物种是对其纪念。

● 主要著作

（1）*Paxton's Flower Garden*；（2）*Paxton's Magazine of Botany, and Register of Flowering Plants*；（3）*Paxton's Botanical Dictionary*；（4）*The Horticultural Register, and General Magazine*；（5）*A Pocket Botanical Dictionary*。

生平事迹

七九、约瑟夫·皮顿·德·图内福尔

约瑟夫·皮顿·德·图内福尔 Joseph Pitton de Tournefort(1656年6月5日—1708年12月28日)是法国植物学家。

● **生平概览**

图内福尔是第一个明确定义了"植物标本室"及植物属的概念的人,所以也被称为"'属'的概念之父"。他认识到有瓣花和无瓣花、离瓣花和合瓣花、整齐花和非整齐花的不同。他被公认为是一位先锋的植物学系统论者。法国中西部城市图尔(Tours)及著名的图尔城堡以他的名字命名。

该植物学家的名字标准缩写为Tourn.。

● **命名物种**

命名世界物种共计22种。发表于以下刊物:(1)*Bulletin de la Société Royale de Botanique de Belgique*;(2)*Familles des Plantes*;(3)*Jard. Bot. Paris*;(4)*Historia et Commentationes Academiae Electoralis Scientiarum et Elegantiorum Litterarum Theodoro-Palatinae*;(5)*Flora Oder Allgemeine Botanische Zeitung*;(6)*Compendium Florae Atlanticae*。

● **纪念物种**

卡尔·冯·林奈(Carl von Linné)在*Species Plantarum*上设立了紫丹属*Tournefortia*

以表示对他的纪念。

以 tournefortii 为种加词命名的物种有 143 个。以 tournefortiana 为种加词命名的物种有 6 个。以 tournefortianum 为种加词命名的物种有 6 个。以 tournefortianus 为种加词命名的物种有 2 个。以 tournieri 为种加词命名的物种有 4 个。

为纪念他而以他的名字命名的中国物种有紫丹 Tournefortia montana、台湾紫丹 Tournefortia sarmentosa、大赛格多 Parabarium tournieri、湿地蒿 Artemisia tournefortiana。

● 主要著作

（1）*Elemens de Botanique ou Methode Pour Connoître les Plantes*（1694）；（2）*Histoire des Plantes qui Naissent aux Environs de Paris*（1698）。

生平事迹

八〇、卡尔·路德维希·冯·布卢姆

卡尔·路德维希·冯·布卢姆 Karl Ludwig von Blume(1796年6月9日—1862年2月3日)为德国植物学家、兰花收藏家。

● 生平概览

布卢姆出生于德国,职业生涯在东印度群岛和荷兰,是莱顿国立植物标本馆。在植物学文献中,他的名字有时以荷兰语形式 Karel Lodewijk Blume 出现,但最初的德语拼法是使用最广泛的一种,他有时还被称为 K. L. Blume(来自卡尔)。他进行了大量的野外考察采集工作,采集地为东南亚,特别是爪哇。他命名了5000余种物种。研究专长为蕨类、桑科、榆科、荨麻科。

该植物学家的名字标准缩写为 Bl.。

● 命名物种

命名世界物种共计5639种。主要发表于以下刊物:(1)*Bijdragen tot de Flora van Nederlandsch Indie*;(2)*Flora van Nederlandsch Indie*;(3)*Genera Plantarum Secundum Ordines Naturales Disposita*;(4)*Rumphia, sive Commentationes Botanicae Imprimis de Plantis Indiae Orientalis*。

在他描述的爪哇植物中,有15种是从中国引入的栽培植物(可能引入时间是1849—1856年),如 *Magnolia parviflora*、*Arundina chinensis*。其中,兰科植物较多,如盂兰 *Lecanorchis japonica* 等。

蕨类植物,如亮叶陵齿蕨 *Lindsaea lucida*、毛禾叶蕨 *Grammitis reinwardtii* 等由

其命名。

桑科、榆科、荨麻科植物，如血见愁 *Teucrium viscidum*、假斜叶榕 *Ficus subulata*、尾叶榕 *Ficus heteropleura*、馒头果 *Cleistanthus tonkinensis*、岛榕 *Ficus virgata*、光叶榕 *Ficus laevis*、毛果榕 *Ficus trichocarpa*、千金榆 *Carpinus cordata*、杂色榕 *Ficus variegata*、水同木 *Ficus fistulosa* 等由其命名。

舟山新木姜子由布卢姆于1826年命名，并认为其属于月桂属 *Laurus*。1926年，小泉源一（Koidz）该物种应为新木姜子属的一个物种，并重新组合了学名 *Neolitsea sericea*（Bl.）Koidz.。

绞股蓝属 *Gynostemma* 是由布卢姆设立。

苞舌兰属 *Spathoglottis* 由布卢姆设立。

竹叶兰属 *Arundina* 由布卢姆设立。

染木树属 *Saprosma* 由布卢姆发现并设立。该属的琼岛染木树和海南染木树为中国海南省特有种。

野海棠属 *Bredia* 由布卢姆设立。

● 纪念物种

Echinocereus blumii、*Saurauia blumiana*、*Sphaerostema blumiana*。

弗朗索瓦·加涅潘（Françoisyu Gagnepain）在 *Bulletin du Muséum National d'Histoire Naturelle* 上设立了拟艾纳香属 *Blumeopsis* 以表示纪念。

威廉·舒尔皮兹·库尔兹（Wilhelm Sulpiz Kurz）在 *Journal of the Asiatic Society of Bengal* 上设立了蔽雨桐属 *Blumeodendron* 以表示纪念。

奥古斯丁·彼拉姆斯·德堪多（Augustin Pyramus de Candolle）在 *Archives de Botanique* 上设立了艾纳香属 *Blumea* 以表示纪念。

● 主要著作

(1) *Enumeratio Plantarum Javae et Insularum Adjacentium*（1827—1828）；(2) *Flora Javae nec Non Insularum Adjacentium*（1828—1851）；(3) *Rumphia, sive Commentationes Botanicae Imprimis de Plantis Indiae Orientalis*；(4) *Museum Botanicum Lugduno-Batavum*（1849—1857）。

生平事迹

八一、库尔特·波利卡普·约阿希姆·施普伦格尔

库尔特·波利卡普·约阿希姆·施普伦格尔 Kurt Polycarp Joachim Sprengel(1766年8月3日—1833年3月15日)是德国植物学家和医生。

● **生平概览**

施普伦格尔出版了一些颇有影响力的医学史著作和医学参考书,但是没有进行医学实践。他用显微镜开展植物解剖学和生理学研究,对医学历史和植物学历史进行深入研究。

该植物学家的名字标准缩写为Spreng.。

● **命名物种**

命名世界物种共计5193种。主要发表于以下刊物:(1)*Fl. Hal. Mant.*;(2)*Systema Vegetabilium*;(3)*Prodromus Systematis Naturalis Regni Vegetabilis*;(4)*Transactions of the Linnean Society of London*;(5)*Nov. Prov. Hort. Hal. et Berol.*;(6)*Nova Acta*;(7)*Journal für die Botanik*。

命名中国物种:多数菊科植物及蕨类植物由其命名。著名的马蹄莲 *Zantedeschia aethiopica*、狼尾草 *Pennisetum alopecuroides* 也是由其命名。

● **纪念物种**

詹姆斯·爱德华·史密斯(James Edward Smith)在 *Kongl. Vetenskaps Academiens*

Nya Handlingar 上设立了属 *Sprengelia* 是对其纪念。

以 *sprengeli*、*sprengelianum*、*sprengeliana* 为种加词命名的物种是对其纪念。

主要著作

（1）*Curtii Sprengel Historia rei Herbariae*；（2）*Neue Entdeckungen im Ganzen Umfang der Pflanzenkunde*；（3）*Kurt Sprengels Geschichte der Botanik*；（4）*Systema Vegetabilium*；（5）*Institutiones Medicae：Physiologia*；（6）*An Introduction to the Study of Cryptogamous Plants*；（7）*Kurt Sprengel's Anleitung zur Kenntniss Der Gewachse*；（8）*Plantarum Umbelliferarum Denuo Disponendarum Prodromus*。

生平事迹

八二、玛丽安娜·诺斯

玛丽安娜·诺斯 Marianne North（1830 年 10 月 24 日—1890 年 8 月 30 日）是维多利亚时代英国一位多产的生物学家和植物学艺术家，以她的植物画和风景画、她广泛的国外旅行、她的著作、她发现的植物以及在英国皇家植物园建立画廊而闻名。

● 生平概览

诺斯在旅途中发现的植物是她创作的源泉，被世人称为艺术界非凡的旅行者。

诺斯先是和她的父亲一起周游世界，研究植物和绘画。1870 年她的父亲去世后，她在 1871—1885 年访问了 17 个国家，同时绘制了 800 多幅画作。她的足迹遍及北美洲、南美洲、欧洲、亚洲、大洋洲、非洲。她在生命的尽头，向英国皇家植物园捐赠了自己的 832 幅画作。她的作品成为研究自然界的重要资源。

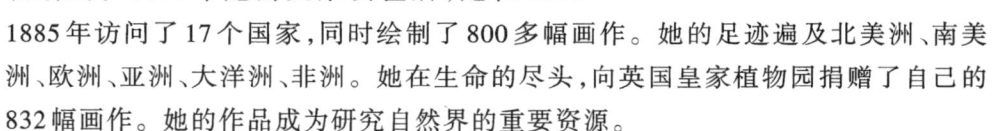

该植物学家的名字标准缩写为 North。

● 命名物种

麝香木 *Olearia argophylla*。

● 纪念物种

以 *northiana*、*northianum* 命名的物种是对其纪念。

约瑟夫·道尔顿·胡克(Joseph Dalton Hooker)在 *Hooker's Icones Plantarum; or Figures, with Brief Descriptive Characters and Remarks of New or Rare Plants* 上设立了属 *Northia* 以表示纪念。

生平事迹

八三、梅里韦瑟·刘易斯

梅里韦瑟·刘易斯 Meriwether Lewis（1774 年 8 月 18 日—1809 年 10 月 11 日）是美国探险家、政治家、植物学家。

● **生平概览**

刘易斯与威廉·克拉克（William Clark）组成了探险队，进行首次横跨整个北美洲大陆的陆路考察。该活动由杰弗逊总统发起。杰弗逊总统亲自写信指导他们收集植物与动物；探险家们将土壤情况与印第安人的耕作方式报告给他，并测绘土地与河流。他领导的刘易斯探险队在美洲探险的同时采集了大量植物。

该植物学家的名字标准缩写为 Lewis。

● **命名物种**

Rosa virginiana subsp *minidentata*、*Vicia monantha* subsp *triflora*。

● **纪念物种**

弗里德里克·特劳戈特·普什（Frederick Traugott Pursh）在 *Flora Americae Septentrionalis* 上设立了琉维草属 *lewisia* 以表示纪念。

以 *lewisii* 命名的物种是对其纪念。以 *lewisiana* 为种加词命名的物种有 17 个。以 *lewisianum* 为种加词命名的物种有 1 个。以 *lewisianus* 为种加词命名的物种有 3 个。

主要著作

(1)*Travels to the Source of the Missouri River and Across the American Continent to the Pacific Ocean*；(2)*The Journals of the Lewis and Clark Expedition*；(3)*New Travels Among the Indians of North America*。

生平事迹

八四、纳撒尼尔·巴格肖·沃德

纳撒尼尔·巴格肖·沃德 Nathaniel Bagshaw Ward(1791年—1868年6月4日)是英国医生、植物学家。

● 生平概览

沃德创造了运输植物的工具"沃德箱"。这种工具能在密闭条件下,以玻璃房为载体,长途运输活体植物。胡克等都成功应用了沃德箱。他还是英国爱丁堡植物学会的原始会员、英国皇家显微镜学会的创始会员、伦敦林奈学会的会员。他普及了种植和运输植物的案例,称为沃迪安案例。

该植物学家的名字标准缩写为 N. B. Ward。

● 命名物种

他与威廉·亨利·哈维(William Henry Harvey)在 *Journal of Botany* 上设立了属 *Christya*。

八四、纳撒尼尔·巴格肖·沃德

● **纪念物种**

以 *wardii* 为种加词命名的物种有 221 个。以 *wardiana* 为种加词命名的物种有 20 个。以 *wardianum* 为种加词命名的物种有 8 个。以 *wardianus* 为种加词命名的物种有 4 个。

● **主要著作**

（1）*Nathaniel Bagshaw Ward Letters to Asa Gray*；（2）*N. B. Ward and John Torrey Correspondence*。

生平事迹

八五、尼古拉·米哈伊洛维奇·普热瓦尔斯基

尼古拉·米哈伊洛维奇·普热瓦尔斯基 Nikolay Mikhaylovich Przhevalsky（1839年4月12日—1888年11月1日）是俄国探险家、旅行家。

● **生平概览**

普热瓦尔斯基出身于俄国一个贵族家庭，曾为地理学教师。普热瓦尔斯基从青年时代起便立志要前往西藏拉萨探险。自1867年起，普热瓦尔斯基多次前往西伯利亚进行探险工作，曾一度到达中国的西藏和天山。他于1888年在探险途中逝世。虽然他未实现到达拉萨这一目标，但是他在中亚的探险活动大大丰富了欧洲人对该地区的了解。他在中亚发现的野双峰骆驼 *Camelus ferus* 和普氏野马 *Equus ferus przewalskii* 都是生物学历史上的重要发现。从1870年开始，他先后4次到中国西部探险，在新疆走完了前无古人走过的路程。他的兴趣主要在于记录动植物和地理考察。他发现了罗布泊。新疆"三山夹两盆"的地理结构就是由他标注在中亚地图上的。他采集的植物标本中有许多新属、新种。

该植物学家的名字标准缩写为 Przew.。

● **命名物种**

Iris tigridia var. *flavescens*。

八五、尼古拉·米哈伊洛维奇·普热瓦尔斯基

● 纪念物种

以 *przewalskii*、*przewalskianum* 命名的物种是对其纪念。

卡尔·约翰·马克西莫维奇（Carl Johann Maximowicz）在 *Bulletin de L'Académie Impériale des Sciences de Saint-Pétersbourg* 上设立了马尿泡属 *Przewalskia* 以表示纪念。

● 主要著作

（1）《唐古特植物》；（2）《普塔宁和皮埃塞泽钦所采的中国植物》；（3）《在乌苏里旅行》；（4）《从伊宁穿越天山到罗布泊》；（5）《到中亚的第三次旅行：从斋桑经哈密去西藏和黄河源头》；（6）《第四次中亚旅行》。

提要：普热瓦尔斯基前往中国及中亚的四次采集之旅：(1)从雅加达穿越沙漠到北京，之后探索长江上游地区，又穿越了西藏。(2)1878—1877年，前往西藏考察。(3)1879—1880年，前往青藏高原考察。(4)1883—1885年，前往青藏高原考察。

生平事迹

八六、奥洛夫·斯沃茨

奥洛夫·斯沃茨 Olof Swartz（1760年9月21日—1818年9月19日）为新西兰植物学家，在苔藓与地衣研究领域成果丰硕。

● **生平概览**

斯沃茨的地衣研究起步于泥炭藓沼泽中发现的珊瑚地衣。后来，他相继发现了聚集枝孢菌和两个相关物种的原生菌体。1773年，他开始在伦敦自然历史博物馆研究新西兰地衣植物群。斯沃茨发表了第一个来自新西兰的地衣。1781—1811年，斯沃茨描述了来自瑞典和牙买加的物种，如 *Ochrolechia frigida*、*Teloschistes flavicans*、*Fulgensia fulgens*、*Pyxine cocoes*。斯沃茨是第一位对之前的兰花文献进行批判性评论的人，并对兰花25个属进行了分类。他也是第一个意识到大多数兰花只有1枚雄蕊的人。

该植物学家的名字标准缩写为 Sw.。

● **命名物种**

命名世界物种共计1656种。主要发表于以下刊物：（1）*Nova Genera et Species Plantarum seu Prodromus*；（2）*Journal für die Botanik*；（3）*Observationes Botanicae quibus Plantae Indiae Occidentalis Aliaeque Systematis Vegetabilium*；（4）*Synopsis Filicum*。

命名中国物种：多数兰科植物、蕨类植物由其命名。水茄 *Solanum torvum*、裂

秆草 *Schizachyrium brevifolium*、蝎尾山蚂蝗 *Desmodium scorpiurus* 也是他命名的。

● 纪念物种

约翰·史瑞伯（Johann Schreber）在 *Genera Plantarum Eorumque Characteres Naturales Secundum Numerum, Figuram, Situm, et Proportionem Omnium Fructificationis Partium* 上设立了黑檀木属 *Swartzia* 以表示纪念。

以 *swartzii* 为种加词命名的物种是对其纪念。以 *swartziana* 为种加词命名的物种有 36 个。以 *swartzianum* 为种加词命名的物种有 19 个。以 *swartzianus* 种加词命名的物种有 1 个。

● 主要著作

（1）*Methodus Muscorum Illustrata*（1781）；（2）*Musci in Suecia Nunc Primum Repertiac Descripti*（1784）；（3）*Nova Genera et Species Plantarum seu Prodromus*（1788）；（4）*Observationes Botanicae*（1791）；（5）*Flora Indiae Occidentalis*（1806）；（6）*Lichenes Americani*（1811）。

提要：他是世界著名苔藓与地衣学家，与同时代科学家都有联系，被称为"非常可爱和慷慨的人"。

生平事迹

八七、奥托·沃伯格

奥托·沃伯格 Otto Warburg（1859年7月20日—1938年1月10日）是德国植物学家。

● **生平概览**

他出版了著作《植物群》(Die Pflanzenwelt)，其中发表1000余种新植物。野外考察地点为东亚、澳大利亚等地。他与植物学家亚历山大·艾格一起创办了以色列国家植物园。他还是一位著名的工业农业专家。

该植物学家的名字标准缩写为 Warb.。

● **命名物种**

命名世界物种共计1329种。主要发表于以下刊物：(1) *Leaflet, Agricultural Experiment Station, Zionist Organisation Institute*；(2) *Fragmenta Florae Philippinae*；(3) *Notizblatt des Königlichen Botanischen Gartens und Museums zu Berlin*；(4) *Botanische Jahrbücher für Systematik, Pflanzengeschichte und Pflanzengeographie*。

命名中国物种：一些百合科植物及榕属植物由其命名。

● **纪念物种**

以 *warburgii* 为种加词命名的物种有116个。以 *warburgiana* 为种加词命名的物种有21个。以 *warburgianum* 为种加词命名的物种有8个。

海因里希·古斯塔夫·阿道夫·恩格勒（Heinrich Gustav Adolf Engler）在 *Die*

Pflanzenwelt Ost-Afrikas und der Nachbargebiete 上设立了属 *Warburgia* 以表示纪念。

● 主要著作

（1）*Die Pflanzenwelt*；（2）*Der Tropen Pflanzer*；（3）*Die Muskatnuss ihre Geschichte，Botanik，Kultur，Handel und Verwerthung Sowie ihre Verfälschungen und Surrogate，Zugleich ein Beitrag zur Kulturgeschichte der Banda-Inseln*；（4）*Pandanaceae*；（5）*Kulturpflanzen der Weltwirtschaft：Unter Mitwirkung Erster Fachleute*。

提要：他是期刊 *Der Tropen Pflanzer* 的创始人。他是肉蔻科植物、橡胶植物学家。

生平事迹

八八、赖神甫（佩尔·让·马里·德拉韦）

赖神甫（佩尔·让·马里·德拉韦）Père Jean Marie Delavay（1834年12月28日—1895年12月31日）是法国传教士、探险家、植物学家。

● **生平概览**

赖神甫是第一个深入云南三江并流腹地探险的西方人。在云南采集标本超过20万份，新种1500个。他采集的标本一部分由弗朗谢整理，并据此出版了《赖神甫云南植物志》《赖神甫所采植物》《云南的植物》。许多物种都以他的姓氏命名。由于他是一位神父，所以中国人又把他称为"赖神父"。他采集标本的特点是喜欢独来独往，只是雇佣搬运工。他勤奋、细致、诚信、勇敢，是植物采集队伍的楷模。

该植物学家的名字标准缩写为Delavay。

● **命名物种**

Achillea×pseudogenepi、Paeonia lutea、Primula nutans、Primula vialii、Rhododendron vialii。

● **纪念物种**

以 *delavayi* 为种加词命名的物种全世界共有334种。其中，中国植物有167种之多，中国物种中具有代表性的有雅砻雪胆 Hemsleya delavayi var. yalungensis、苍

山冷杉 *Abies delavayi*、茶条木 *Delavaya toxocarpa*、梭砂贝母 *Fritillaria delavayi*、地皮消 *Pararuellia delavayana* 等。以 *delavayanum* 为种加词命名的物种全世界有 5 种。以 *delavayanus* 为种加词命名的物种全世界有 1 种。

杨永康（Yongkang Yang）等在 *Journal of Wuhan Botanical Research* 上设立了 *Fritillaria* 属。

阿德里安·勒内·弗朗谢（Adrien René Franchet）在 *Bulletin de la Société Botanique de France* 上设立了茶条木属 *Delavaya*。

东亚特有植物侧囊苔属 *Delavayella* 是以他的名字命名的。

提要：赖神甫 1867 年首先来到我国海南采集，在这期间认识了谭卫道、弗朗谢、阿曼·戴维。1882 年到西北与云南采集；采集标本送给弗朗谢鉴定。1893 年再次来到滇东采集标本。他寄回法国的标本超过 20 万份，包括 1500 个新种。

生平事迹

八九、彼得·西蒙·帕拉斯

彼得·西蒙·帕拉斯 Peter Simon Pallas（1741年9月22日—1811年9月8日）是德国植物学家、博物学家。

● **生平概览**

帕拉斯曾先后在哥廷根大学和莱登大学学习，之后前往西欧考察，其间研究出了新的动物分类方法。1767年，他受叶卡捷琳娜二世之邀前往俄国，担任圣彼得堡科学院教授。帕拉斯长时间在西伯利亚和中亚地区进行科学考察，收集生物和地质标本，曾于克拉斯诺亚尔斯克以南发现一颗重达700kg的石铁陨石［被命名为克拉斯诺亚尔斯克（Krasnojarsk），有时也叫帕拉斯铁］。这是人类第一次发现并研究橄榄陨石。

该植物学家的名字标准缩写为Pall.。

● **命名物种**

命名世界物种共计824种。主要发表于以下刊物：(1) *Reise durch Verschiedene Provinzen des Russischen Reichs*；(2) *Ind. Taur. ex Ledeb. Fl. Ross*；(3) *Flora Taurico-Caucasica Exhibens Stirpes Phaenogamas, in Chersoneso Taurica et Regionibus Caucasicis Sponte Crescentes*；(4) *Flora Rossica sive Enumeratio Plantarum in Totius Imperii Rossici Provinciis Europaeis, Asiaticis, et Americanis Hucusque Observatarum*。

命名中国物种共计217种，常见的有秦艽 *Gentiana macrophylla*、番杏

Tetragonia tetragonoides、黑桦 *Betula dahurica*、马蔺 *Iris lactea* var. *chinensis*、盐爪爪 *Kalidium foliatum*、鼠李 *Rhamnus davurica*、芍药 *Paeonia lactiflora*。

● 纪念物种

查尔斯·路易（Charles Louis）与威廉·艾顿（William Aiton）在 *Hortusewensis* 上设立了属 *Pallasia* 以表示纪念。

以 *pallasii*、*pallasianum*、*pallasiana* 为种加词命名的物种是对其纪念。

● 主要著作

（1）*Travels Through the Southern Provinces of the Russian Empire*；（2）*Miscellanea Zoologica Quibus Novae Imprimis*；（3）*P. S. Pallas Medicinae Doctoris Miscellanea Zoologica：Quibus Novae Imprimis Atque Obscurae Animalium Species Describuntur et Observationibus Iconibusque Illustrantur*；（4）*Reprint of Eversmann's Addenda ad Celeberrimi Pallasii Zoographiam Rosso-Asiaticam*；（5）*Elenchus Zoophytorum Sistens Generum Adumbrationes Generaliores et Specierum Cognitarum Succintas Descriptiones，Cum Selectis Auctorum Synonymis*；（6）*Flora Rossia*；（7）*Zoographica Rosso Asiatica*。

提要：帕拉斯初期的采集是为了帮助俄国扩张，了解其他地区的地理、历史、人文和资源。他在收集自然历史标本的同时采集动植物标本。

生平事迹

九〇、菲利普·米勒

菲利普·米勒 Philip Miller(1691年—1771年12月18日)为英国植物学家、园艺学家。

● 生平概览

米勒是著名的植物学家、园艺学家。其编写的《园丁词典》(*The Gardeners' Dictionary*)是园艺植物命名的重要参考书。米勒描述、分类和命名了许多物种,并发展了许多物种的栽培技术。他建立了植物爱好者和植物学家的国际学术交流平台。著名的半日花属、库拉索芦荟由其命名。

该植物学家的名字标准缩写为 Mill.。

● 命名物种

命名共计1855种植物,如半日花属 *Helianthemum*、库拉索芦荟 *Aloe barbadensis*。主要发表于以下刊物:(1)*The Gardeners' Dictionary*;(2)*Proceedings of the Biological Society of Washington*;(3)*Systema Naturae*;(4)*Mantissa Plantarum*。

命名中国物种65种,其中重要的栽培及园艺品种有芜菁甘蓝 *Brassica napobrassica*、朝天椒 *Capsicum annuum* var. *conoides*、番茄 *Lycopersicon esculentum*、芝麻菜 *Eruca sativa*、苹果 *Malus pumila*、仙客来 *Cyclamen persicum*、枣 *Ziziphus jujuba*、榅桲 *Cydonia oblonga*、茴香 *Foeniculum vulgare*、夹竹桃 *Nerium indicum*、玉竹 *Polygonatum odoratum*、酸枣 *Ziziphus jujuba* var. *spinosa*、臭椿 *Ailanthus altissima*、薰衣草 *Lavandula angustifolia*、鳄梨 *Persea americana*。此外,小黄花菜 *Hemerocallis minor*、枸杞 *Lycium chinense*、野青树 *Indigofera suffruticosa*、盐肤木 *Rhus chinensis*、毛曼陀罗 *Datura innoxia* 也是他命名的。

纪念物种

以 *millii*、*millerianum*、*milleriana*、*millerianus* 为种加词的物种是对其纪念。

卡尔·冯·林奈(Carl von Linné)在 *Species Plantarum* 上设立了属 *Milleria* 以表示纪念。

让·巴普蒂斯特·圣拉格(Jean Baptiste Saint-Lager)在 *Annales de la Société Botanique de Lyon* 上设立了属 *Millera*。

主要著作

(1) *Details the Gardeners Kalendar: Directing What Works Are Necessary to Be Performed Every Month in the Kitchen, Fruit, and Pleasure-Gardens, as Also in the Conservatory and Nursery*;(2) *A General System of Gardening and Botany*;(3) *Anleitung zu der Pflanzung und Wartung der Vornehmsten Küchengewächse*;(4) *Traité des Arbres Résineux Coniferes: Extrait et Traduit de L'Anglois de Miller Chez Joseph Collignon*;(5) *Remarks upon the Letter of Mr. John Ellis. to Philip Carteret Webb*;(6) *Dictionnaire des Jardiniers, Contenant Les Méthodes les Plus Sûres et les Plus Modernes Pour Cultiver et Améliorer les Jardins Potagers*;(7) *The Gardeners' Dictionary*。

> ☞ **园艺植物命名法规**
>
> 如果某一品种有几个合法名称,一般按优先发表的原则,从中选取发表日期最早的作为栽培品种的正确名称(但日期早于合格发表起点的不在选取范围之内),其余的为合法异名。合格发表起点可以是由国际登记机构指定的名录或由国际栽培植物命名委员会与有关组织协商后选定的出版物的发表日期。在没有上述出版物的情况下,以米勒所著《园丁词典》第6版的出版日期(1752年)为起点。由于某一品种名不便在商业上应用等原因,在特定范围内使用的替代名称叫作商业异名。

生平事迹

九一、菲利普·弗朗茨·冯·西博尔德

菲利普·弗朗茨·冯·西博尔德Philipp Franz von Siebold（1796年2月17日—1866年10月18日）是德国内科医生、植物学家、旅行家、日本学家和日本器物收藏家。

● 生平概览

西博尔德是日本第一位女医生楠本稻（Kusumoto Ine）的父亲。他两次前往日本，在当地行医救人的同时进行他所热爱的植物学、动物学等自然科学研究，搜集并制成数量庞大的标本，它们是欧洲学者进行日本学研究的重要参考资料。除了发表自己的日本研究论著外，西博尔德还提出了"日本博物馆"的构想，在荷兰、德国的数个城市展出自己在日本搜集到的各类民俗资料，将当时欧洲人所知甚少的遥远的东方国家——日本的文化予以呈现。西博尔德到日本考察和研究，编撰了《日本》《日本植物志》《日本动物志》等多部巨著，它们在欧洲广泛地流传。西博尔德及其关于日本的研究，无论是在日本，还是在欧洲都产生了巨大的影响。西博尔德对日本的研究，从时间上可分为前、后两个时期。前期（1823年8月—1829年12月）他以长崎的荷兰商馆为据点，后办起鸣泷塾，又去江户参府，尽力拓展研究范围。1828年9月，西博尔德任期已满，准备归国，经长崎奉行所检查发现其携带违禁品后被处以"驱逐出境"处分，史称"西博尔德事件"。12月20日，他离开长崎，归返巴达维亚。后期（1859年8月—1862年4月），西博尔德再次来到长崎，但后因他的活动与荷兰的利益不符，他在失意中归国。他是一个超越国界的"国际人"，是"古今无类的日本研究者"。他在日本文化、日欧文化关系、东西方文化交流史上具有重大影响力。西博尔德不仅是医术高超的医生、知识广博的学者，而且是外交家、

企业家。西博尔德被称为"日本学之父"。

该植物学家的名字标准缩写为Siebold或Sieb.。

● **命名物种**

命名世界物种共计641种。主要发表于以下刊物：(1)*Flora Japan*；(2)*Verhandelingen van Het Bataviaasch Genootschap van Kunsten en Wetenschapen*；(3)*Abhandlungen der Mathematisch-Physikalischen Classe der Königlich Bayerischen Akademie der Wissenschaften*。

命名中国物种很多，著名的有柞木 *Xylosma racemosa*、椿叶花椒 *Zanthoxylum ailanthoides* var. *ailanthoides*、连香树 *Cercidiphyllum japonicum*、芫花 *Daphne genkwa*、化香树 *Platycarya strobilacea*、杨梅 *Myrica rubra*、马兜铃 *Aristolochia debilis*。

● **纪念物种**

以 *sieboldii* 为种加词命名的物种是对其纪念。以 *sieboldiana* 为种加词命名的物种全世界有50种。以 *sieboldianum* 为种加词命名的物种有9种。以 *sieboldianus* 为种加词命名的物种全世界有9种。

施莱希滕米尔(Schlechtendal)在 *Linnaea* 上设立了属 *Sieboldia* 以表示纪念。

紫阳花 *Hydrangea macrophylla* var. *otaksa* 由西博尔德根据其日本妻子的名字 Otakusan 所命名。

● **主要著作**

(1)《日本植物志》；(2)《日本动物志》；(3)《日本属国探险记》；(4)《日本》。

生平事迹

九二、皮埃尔·约瑟夫·雷杜德

皮埃尔·约瑟夫·雷杜德 Pierre Joseph Redouté（1759年7月10日—1840年6月19日）是比利时画家和植物学家。

● **生平概览**

雷杜德以创作的玫瑰、百合花和法国石竹等花卉水彩而闻名，其中许多作品被大量出版，他因此被称为"花的拉斐尔"，被认为是有史以来最伟大的植物插画家。他发表了大量著作，三卷本的《玫瑰花》（*Les Roses*）是他的代表作。他被任命为法国国家自然历史博物馆的绘图大师。

该植物学家的名字标准缩写为 Redouté。

● **命名物种**

命名世界物种共计16个。主要发表于以下刊物：*Les Liliacées*。
命名中国物种：长喙葱 *Allium globosum*。

● **纪念物种**

物种 *Rosa redoutea* 是对他的纪念。
艾蒂安·皮埃尔·旺特纳（Étienne Pierre Ventenat）在 *Description des Plantes*

Nouvelles et peu Connues, Cultivées dans le Jardin de J. M. Cels. 上设立了属 *Redoutea* 以表示纪念。

主要著作

（1）*Geraniologia*（1787—1788）；（2）*Traité des Arbres et Arbustes que l'on Cultive en France, par Duhamel*（1800—1819）；（3）*Les Liliacées*（1802—1816）；（4）*Taschen America*（1802—1816）；（5）*Les Roses*（1817—1824）；（6）*Redouté*（1790）；（7）*Choix des Plus Belles Fleurs et de Quelques Branches des Plus Beaux Fruits*（1827）；（8）*Catalogue de 486 Liliacées et de 168 Roses Peintes par P. J. Redouté*（1829）；（9）*Alphabet Flore*（1835）。

生平事迹

九三、理查德·安东尼·索尔兹伯里

理查德·安东尼·索尔兹伯里 Richard Anthony Salisbury（原名理查德·马卡姆，1761年5月2日—1829年3月23日）是英国植物学家。

● 生平概览

索尔兹伯里命名了大量物种，有2000余种。他是伦敦园艺学会的第一任荣誉秘书。他反对使用林奈的性别分类系统来对植物进行分类。他的成果往往不被重视，甚至忽视，尽管他被认为是园艺和植物科学领域的一名有价值的工作者，但一些激烈的争论导致他被同时代人排斥（包括植物研究学界领袖）。

该植物学家的名字标准缩写为Salisb.。

● 命名物种

命名世界物种共计2517个。主要发表于以下刊物：（1）*Prodromus Stirpium in Horto ad Chapel Allerton Vigentium*；（2）*Transactions of the Linnean Society of London*；（3）*Monographie des Campanulees*；（4）*Annales de la Société Linnéenne de Lyon*；（5）*Synopsis Plantarum Succulentarum：Cum Descriptionibus，Synonymis，Locis，Observationibus Anglicanis，Culturaque*。

命名中国物种：郁金 *Curcuma aromatica*、芡实 *Euryale ferox*、有斑百合 *Lilium concolor* var. *pulchellum*、臭菘 *Symplocarpus foetidus*、渥丹 *Lilium concolor*、水鬼蕉 *Hymenocallis littoralis* 等。

纪念物种

约翰·森丘里乌斯·冯·霍夫曼赛格（Johann Centurius von Hoffmannsegg）在 *Verzeichniss der Pflanzen Kulturen in den Grafl* 上设立了属 *Salisburya* 以表示纪念。

阿列克谢·弗拉基米尔·博布罗夫（Alexey Vladimir Bobrov）与亚历山大·帕夫洛维奇·梅利基扬（Aleksander Pavlovich Melikyan）在 *Komarovia* 上设立了属 *Salisburyodendron* 以表示纪念。

Verbena salisburii 为纪念其物种名。

主要著作

（1）*Icones Stirpium Rariorum*（1787）；（2）*Prodromus Stirpium in Horto ad Chapel Allerton Vigentium*（1796）；（3）*Dissertatio botanica de Erica*（1800）；（4）*Transactions of the Horticultural Society of London*（1820）。

生平事迹

九四、理查德·斯普鲁斯

理查德·斯普鲁斯 Richard Spruce（1817年9月10日—1893年12月28日）为英国植物学家，是伦敦林奈学会的创始人之一。

● **生平概览**

斯普鲁斯不仅是一位杰出的植物学家，还是一位杰出的人类学家、语言学家（他懂法语、西班牙语、葡萄牙语）、地质学家、地理学家。他为理解亚马孙语境下的植物知识做出巨大贡献。他参与了亚马孙地区物种的探索，特别是在橡胶树和金鸡纳属物种。斯普鲁斯曾用了15年的时间探索亚马孙地区，是去往该地的第一批欧洲人。在居住在南美洲的14年（1849—1864年）中，他在安第斯和亚马孙地区收集了超过14000个植物标本，其中许多为新物种。

该植物学家的名字标准缩写为 Spruce。

● **命名物种**

命名世界物种共计654种。主要发表于以下刊物：(1)*Bihang til Kongliga Svenska Vetenskaps - Akademiens Handlingar*；(2)*Prodromus Systematis Naturalis Regni Vegetabilis*；(3)*Phytologia*；(4)*Botanische Jahrbücher für Systematik, Pflanzengeschichte und Pflanzengeographie*；(5)*Flora Brasiliensis*；(6)*Genera Plantarum ad Exemplaria Imprimis in Herbariis Kewensibus*。

命名中国物种：斯普鲁斯狸藻 *Utricularia spruceana*。

纪念物种

以 *spruceana* 为种加词命名的物种有273种。以 *spruceanum* 为种加词命名的物种有64个。以 *spruceanus* 为种加词命名的物种有28个。以 *sprucei* 为种加词命名的物种有330个。

乔治·边沁（George Bentham）在 *Hooker's Journal of Botany and Kew Garden Miscellany* 上设立了属 *Sprucea* 以表示纪念。

让·巴普蒂斯特·路易·皮埃尔（Jean Baptiste Louis Pierre）在 *Notes Botaniques Sapotacées* 上设立了属 *Sprucella* 以表示纪念。

赫尔曼·奥托·斯勒默（Hermann Otto Sleumer）在 *Notizblatt des Botanischen Gartens und Museums zu Berlin* 上设立了属 *Spruceanthus* 以表示纪念。

主要著作

Musci and Hepaticae of the Pyrenees。

生平事迹

九五、罗伯特·布朗

罗伯特·布朗 Robert Brown（1773年12月21日—1858年6月10日）是英国植物学家。

● 生平概览

布朗为英国植物学泰斗，以发现布朗运动而闻名。他首次发现了细胞核。他进行了大量的科学考察，尤其是对澳大利亚的科学考察，出版了系统研究澳大利亚植物的著作《新荷兰的未知植物》，采集了大量的植物标本，命名了4000余种植物。他在《澳洲植物志》中创立了现代植物分类方法。布朗在高等植物的性生殖过程以及化石植物研究方面颇有名望。他为大英博物馆馆长、英国皇家学会会员。

该植物学家的名字标准缩写为 R. Br.。

● 命名物种

共命名世界物种4172种。主要发表于以下刊物：（1）*Narrative of a Journey in the Interior of China*；（2）*Plantae Asiaticae Rariores*；（3）*Prodromus Florae Novae Hollandiae et Insulae van-Diemen*。

命名中国物种226种。常见的有银桦 *Grevillea robusta*、少花狸藻 *Utricularia exoleta*、红花檵木 *Loropetalum chinense*、南方狸藻 *Utricularia australis*、小二仙草 *Haloragis micrantha*、倒吊笔 *Wrightia pubescens*、紫罗兰 *Matthiola incana*、博落回 *Macleaya cordata*、红千层 *Callistemon rigidus* 等。

纪念物种

马丁·海因里希·古斯塔夫·施万特斯（Martin Heinrich Gustav Schwantes）在 *Zeitschrift für Sukkulentenkunde* 上设立了属 *Brownanthus* 以表示纪念。

纳撒尼尔·布里顿（Nathaniel Britton）与约瑟夫·纳尔逊·罗斯（Joseph Nelson Rose）在 *The Cactaceae: Descriptions and Illustrations of Plants of the Cactus Family* 上设立了属 *Browningia* 以表示纪念。

由于布朗比较有名，以其名字命名的物种较多。全世界以 *brownii* 为种加词命名的物种有 375 个。以 *browniana* 为种加词命名的物种有 79 个。以 *brownianum* 为种加词命名的物种有 19 个。以 *brownianus* 为种加词命名的物种有 3 个。

主要著作

（1）《新荷兰的未知植物》；（2）《澳洲植物志》。

生平事迹

九六、罗伯特·福尔杰·索恩

罗伯特·福尔杰·索恩 Robert Folger Thorne（1920年7月13日—2015年3月24日）是美国植物学家。

● **生平概览**

索恩是兰考圣安娜植物园的分类学家和荣誉馆长，也是克莱蒙特研究生大学的荣誉教授。他的研究有助于理解开花植物的进化。索恩提出的植物分类学系统（称为索恩系统）于1968年首次发表，并持续更新至2010年。该系统认为被子植物起源于蕨类植物，猜测最原始的被子植物为小乔木或大灌木，具单叶、互生、常绿、全缘、羽状脉等特点，随着更多的证据出现，后期已和APG（被子植物系统发育研究组）系统相差无几。

该植物学家的名字标准缩写为Thorne。

● **命名物种**

命名世界物种共计69种。主要发表于以下刊物：（1）*Botanical Review*；（2）*Phytoneuron*；（3）*Alpine Flora of New Guinea*；（4）*Aliso: A Series of Papers on the Native Plants of California*；（5）*Taxon: Official News Bulletin of the International Society for Plant Taxonomy*。

命名中国物种：单花遍地金 *Hypericum monanthemum*、苞叶乳苣 *Mulgedium bracteatum*。

纪念物种

丹尼斯·E.布里德洛夫（Dennis E. Breedlove）与伊丽莎白·梅·麦克林托克（Elizabeth May McClintock）设立了属 Thornea 以表示纪念。

康斯坦丁·罗马申科（Konstantyn Romaschenko）、保罗·M.彼得森（Paul M. Peterson）和罗伯特·约翰·索伦（Robert John Soreng）在 Phyto Keys 上设立了属 Thorneochloa 以表示纪念。

以 thornei 为种加词命名的物种有17个，均是对索恩的纪念。

主要著作

(1) Synopsis of a Putative Phylogenetic Classification of Flowering Plants (1968); (2) A Phylogenetic Classification of the Angiospermae (1976); (3) Some Realignments in the Angiospermae (1977); (4) Proposed New Realignments in the Angiosperms (1983); (5) Classification and Geography of Flowering Plants (1992); (6) An Updated Phylogenetic Classification of the Flowering Plants (1992); (7) An Annotated Flora of the Vascular Plants of the San Bernardino Mountains (1994); (8) Vascular Plants of Fort DeSoto Park, Pinellas County, Florida (1995); (9) Eastern Asia as a Living Museum for Archaic Angiosperms and Other Seed Plants (1999); (10) The Classification and Geography of the Monocotyledon Subclasses Alismatidae, Liliidae and Commelinidae (2000); (11) The Classification and Geography of the Flowering Plants: Dicotyledons of the Class Angiospermae (2001); (12) How Many Species of Seed Plants Are There? (2002); (13) A Bibliography of Floristics in Southern California (2006); (14) An Updated Classification of the Class Magnoliopsida (2007); (15) Transmontane Coniferous Vegetation (2007); (16) Vascular plants of the High Sierra San Pedro Mártir, Baja California, Mexico (2010)。

生平事迹

九七、罗伯特·福琼

罗伯特·福琼 Robert Fortune（1812年9月16日—1880年4月13日）是英国植物学家。

● **生平概览**

福琼为"印度茶叶之父"，有"茶叶大盗"之称，曾潜入中国偷取茶产业秘密。事实上，他原本只是一名知晓植物的园丁，被赋予了一个好听的头衔——植物学家。这名身负重任的"植物学家"潜入中国，前往各地偷取茶叶种子，记载各类生产、采摘、制作方法等。福琼将从中国偷来的各种茶叶种子运往印度，影响是巨大的，使印度一度超过中国，成为世界上最大的茶叶生产国。

该植物学家的名字标准缩写为 Fortune。

● **命名物种**

命名世界物种共计19种。发表于以下刊物：(1)*Lindl. Journ. Hort. Soc.*；(2)*A Journey to the Tea Countries of China*；(3)*Revue Horticole*；(4)*Gardeners' Chronicle*；(5)*Edwards's Botanical Register*；(6)*Pinetum*。

命名中国物种：银粉蔷薇 *Rosa anemoniflora*、绣球荚蒾 *Viburnum macrocephalum*、醉鱼草 *Buddleja lindleyana*、菘蓝 *Isatis indigotica*。

纪念物种

以 *fortunei* 为种加词命名的物种是对其纪念。

斯卫勒(Swingle)在 *Journal of the Washington Academy of Sciences* 上设立了属 *Fortunella* 以表示纪念。

阿尔弗雷德·雷德尔(Alfred Rehder)与欧内斯特·亨利·威尔逊(Ernest Henry Wilson)在 *Plantae Wilsonianae* 上设立了属 *Fortunearia* 以表示纪念。

查尔斯·维克多·诺丁(Charles Victor Naudin)在 *Revue Horticole* 上设立了属 *Fortunea* 以表示纪念。

主要著作

(1) *Three Years' Wandering in the Northern Provinces of China*；(2) *A Journey to the Tea Countries of China*；(3) *Two Visits to the Tea Countries of China and the British Tea Plantations in the Himalaya*；(4) *A Residence Among the Chinese*；(5) *Yedo and Peking*。

提要：福琼是著名的"植物猎人"、商业间谍。他先后四次来中国盗取茶苗及制茶技术。他被称为"印度茶叶之父""茶叶大盗"，可以说是印度与斯里兰卡红茶产业的缔造者之一。其第二次来华时，盗取了制茶技术；第三次来华时，盗取茶苗。

生平事迹

九八、罗伯特·斯威特

罗伯特·斯威特 Robert Sweet(1783—1835)是英国植物学家、园艺学家及鸟类学家。

● 生平概览

斯威特重要的作品为《不列颠的花园》(*The British Flower Garden*),是一套具有铜版画的著作。他创作了许多植物图谱,多成为稀世之作。他曾因被指控偷窃了一批英国皇家植物园的植物而入狱。他是著名园艺学家。他特别钟爱郁金香,他的版画中很多是郁金香。

该植物学家的名字标准缩写为Sweet。

● 命名物种

命名世界物种共计2110种。主要发表于以下刊物:(1)*Sweet's Hortus Britannicus*;(2)*Flora Australasica*;(3)*Nomenclator Botanicus*;(4)*The British Flower Garden*。

命名中国物种35种,如厚藤 *Ipomoea pes-caprae*、赪桐 *Clerodendrum japonicum*、罗汉松 *Podocarpus macrophyllus*、香水月季 *Rosa odorata*、紫藤 *Wisteria sinensis* 等。著名的番泻叶为他发现并命名,雪莲也是他命名。

● 纪念物种

Amaryllis sweetii、*Margbensonia sweetii*、*Podocarpus sweetii*、*Pultenaea sweetii*、*Sarracenia sweetii*、*Senecio sweetii*、*Amaryllis sweetiana*、*Bidens sweetiana*、*Pelargonium* × *sweetianum*、*Pelargonium sweetianum*、*Cistus sweetianus* 为纪念斯威特而命名。

库尔特·波利卡普·约阿希姆·施普伦格尔（Kurt Polycarp Joachim Sprengel）在 *Systema Vegetabilium* 上设立了属 *Sweetia* 以表示纪念。

罗伯特·伊波利特·乔达（Robert Hippolyte Chodat）与埃米尔·哈斯勒（Emil Hassler）在 *Bulletin de L'Herbier Boissier* 上设立了属 *Sweetiopsis* 以表示纪念。

● **主要著作**

（1）*Hortus Suburbanus Londinensis*（1818）；（2）*Geraniaceae*（1820—1830）；（3）*Sweet's Hortus Britannicus*（1826—1827）；（4）*Flora Australasica*（1827—1828）；（5）*British Botany*；（6）*The British Flower Garden*；（7）*Cistineae: The Natural Order of Cistus or Rock-Rose*；（8）*British Warblers*；（9）*Cage and Chamber-Birds*；（10）*A Monograph on the Subordo V of Amaryllideae*。

生平事迹

九九、鲁道夫·雅各布·卡梅拉留斯

鲁道夫·雅各布·卡梅拉留斯 Rudolf Jakob Camerarius（1665年2月12日—1721年9月11日）是德国植物学家和医生。

● 生平概览

卡梅拉留斯是图宾根大学教授。他最主要的贡献是确立植物的性系统。他认识到雄蕊是雄性器官，花粉是种子形成的必要条件，花柱和子房是花的雌性器官……这些对林奈产生了重要影响。

● 纪念物种

卡尔·冯·林奈（Carl von Linné）在 *Species Plantarum* 上设立了属 *Cameraria* 以表示纪念。

阿里·谢赫巴兹·伊赫桑（Ali Al-Shehbaz Ihsan）在 *Novon* 上设立了属 *Rudolf-kamelinia* 以表示纪念。

Fumaria camerarii、*Hieracium camerarii*、*Hieracium pilosella* subsp *camerarii*、*Hyoscyamus camerarii* 这四个物种均是对其纪念。

● 主要著作

（1）*De Plantis Vernis*；（2）*De Sexu Plantarum*。

提要：卡梅拉留斯主要研究植物生殖器官。他首次以实验形式证实花粉为雄性生殖器官，定义了"两性花""单性花""雌雄同株""雌雄异株"。

生平事迹

一〇〇、约瑟夫·班克斯

约瑟夫·班克斯 Joseph Banks（1743 年 2 月 24 日—1820 年 6 月 19 日）是英国植物学家、探险家和博物学家。

● 生平概览

班克斯曾长期担任英国皇家学会会长，参与澳大利亚的发现和开发，还资助了当时很多年轻的植物学家。1768—1771 年，他随同詹姆斯·库克环球考察旅行，首先提出澳大利亚有袋类哺乳动物比胎盘哺乳动物更原始的说法，还发现了许多植物新品种。班克斯专门研究了经济植物的引进。他资助过很多植物学家前往各地搜集植物。他在伦敦的家也成为当时杰出科学家交流思想的场所。1766 年，班克斯成为英国皇家学会院士，并于 1778 年成为英国皇家学会会长，直至去世。

该植物分类学家的名字标准缩写为 Banks。

● 命名物种

全世界命名物种 438 种。主要发表于以下刊物：(1) *Illustrations of Australian Plants Collected in 1770 During Captain Cook's Voyage Round the World in H. M. S. Endevour*；(2) *Botany of the Antarctic Voyage*；(3) *Flora New Zealand*；(4) *Prodromus Florae Novae Hollandiae et Insulae van-Diemen*；(5) *Mémoires de la Société de Physique et d'Histoire Naturelle de Genève*。

命名中国物种：鹤顶兰 *Phaius tankervilleae*、田葱 *Philydrum lanuginosum*、红果

薄柱草 *Nertera depressa*。

他以夫人的名字命名的中国传统花卉木香 *Rosa banksiae* 现已经成为世界上著名的芳香花卉。

● 纪念物种

尼古拉斯·梅尔伯格（Nicolaas Meerburgh）在 *Plantae Selectarum Icones Pictae* 上设立属 *Banksia* 以表示纪念。

约翰·格哈德·柯尼格（Johann Gerhard Koenig）在 *Observationes Botanicae* 上设立了属 *Banksea* 以表示纪念。

以 *banksii* 为种加词命名的物种有111种。以 *banksiana* 为种加词命名的物种有38种。以 *banksianum* 为种加词命名的物种有5种。以 *banksianus* 为变种种加词命名的变种有1种。

● 主要著作

(1)《植物枯萎病、霉病和锈病简述》;(2)《花谱》。

提要：班克斯曾去芬兰、环太平洋、冰岛等考察，其中最重要的是环太平洋考察中，他在新西兰发现了新西兰菠菜和新西兰亚麻；班克斯命名了"电鳐湾"，并且在这个地方采集到以他名字命名的班克木属植物及凤凰木；共发现1400种新植物。

生平事迹

一〇一、托马斯·纳托尔

托马斯·纳托尔 Thomas Nuttall（1786年1月5日—1859年9月10日）是英国植物学家和动物学家，1808—1841年一直在美国生活和工作。

● 生平概览

纳托尔曾任哈佛大学植物园园长，是研究美国植物的专家，重要研究方向是北美洲的花卉。他在美国进行了多次植物探险，命名了3000多种植物。他也是美国鸟类学专家，美国的托马斯鸟类俱乐部是以他的名字命名的。其采集时容易迷路，因此有外号"失踪大师"。

该植物学家的名字标准缩写为 Nutt.。

● 命名物种

命名世界物种共计3122种。主要发表于以下刊物：（1）*The North American Sylva*；（2）*Hooker's Journal of Botany and Kew Garden Miscellany*；（3）*Geological Survey of California*。

命名中国物种共计11种，包括两色金鸡菊 *Coreopsis tinctoria*、串珠杜鹃 *Rhododendron hookeri*、白果越橘 *Vaccinium leucobotrys*、管花杜鹃 *Rhododendron keysii*、黄花花杜鹃 *Rhododendron boothii*、薄果荠 *Hymenolobus procumbens*、木兰杜鹃 *Rhododendron nuttallii*、多斑杜鹃 *Rhododendron kendrickii*、毛枝杜鹃 *Rhododendron smithii*、野牛草 *Buchloe dactyloides*、黄杨叶树萝卜 *Agapetes buxifolia*、灰毛报春 *Primula mollis*。

纪念物种

以 *nuttallii* 为种加词命名的物种有391个。以种加词 *nuttalliana* 命名的物种有34个。以 *Nuttallianum* 为种加词命名的物种有22个。

戴维·萨顿（David Sutton）在 *Revision of the Tribe Antirrhineae* 上设立了属 *Nuttallanthus* 以表示纪念。

康斯坦丁·塞缪尔·拉菲内克（Constantine Samuel Rafinesque）在 *American Monthly Magazine and Critical Review* 上设立了属 *Nuttallia* 以表示纪念。

主要著作

（1）*Observations on the Genus Eriogonum, and the Natural Order Polygoneae of Jussieu*；（2）*An Account of Two New Genera of Plants, and of a Species of Tillaea and Limosella, Recently Discovered on the Banks of the Delaware, in the Vicinity of Philadelphia*；（3）*Description of Collinsia, a New Genus of Plants*；（4）*A Journal of Travels into the Arkansas Territory During the Year 1819*；（5）*Flora of North America*。

提要：纳托尔的主要研究方向是北美洲的花卉，著有《北美植物属》。他是植物采集探险家，考察了美洲大部分地区。他还是著名的鸟类学家。

生平事迹

一〇二、弗拉基米尔·列昂季耶维奇·科马罗夫

弗拉基米尔·列昂季耶维奇·科马罗夫 Vladimir Leontyevich Komarov（1869年10月13日—1945年12月5日）是苏联植物学家。

● 生平概览

科马罗夫是研究中国植物的专家，对划定东北植物区系与华北植物区系分界线的确立做出重要贡献。出版的《满洲植物志》（Coniferae of Manchuria）对于研究东北植物分类及区系具有重要参考价值。他命名了许多物种，特别是东北植物区系物种。其坚韧不拔的野外采集与治学精神对后人产生深远的影响。

该植物学家的名字标准缩写为 Kom.。

● 命名物种

命名世界物种共计430种。主要发表于以下刊物：(1) Trudy Imperatorskago S.-Peterburgskago Botaniceskago Sada；(2) Repertorium Specierum Novarum Regni Vegetabilis。

命名中国物种：命名了很多禾本科及莎草植物，也命名了许多豆科植物。

● 纪念物种

叶夫根尼·彼得罗维奇·科罗文（Evgenii Petrovich Korovin）在 Komarov, Fl. URSS 上设立了属 Komarovia 以表示纪念。

以 *komarovii*、*komaroviana*、*komarovianum* 为种加词命名的物种是对其纪念。

主要著作

（1）*Coniferae of Manchuria*；（2）*De Gymnospermis Nonnullis Asiaticis*（1923—1924）；（3）*Florae Peninsulae Kamtschatka*（1927）；（4）*Flora of the U. S. S. R.*。

提要：科马罗夫的重要贡献在于在《满洲植物志》中提出了中国东北长白山区系与华北区系的分界线。科马罗夫是最早对我国东北进行考察的植物学家，1895—1897年曾经三次在中国东北和朝鲜进行植物学考察，发现了大量新物种。

生平事迹

一〇三、威廉·博廷·赫姆斯利

威廉·博廷·赫姆斯利 William Botting Hemsley（1843年12月29日—1924年10月7日）为英国植物学家。

生平概览

赫姆斯利曾于邱园工作，之后在邱园植物标本馆印度区任助理，最后任邱园植物标本馆和图书馆的管理员。他发表了大量植物学著作。他是19世纪下半叶最著名的研究中国植物的英国植物学家。他获得了很多荣誉，如维多利亚园艺荣誉勋章。

该植物学家的名字标准缩写为 Hemsl.。

命名物种

命名世界物种共计2881种。主要发表于以下刊物：(1) *Journal of Linnean Society Botany*；(2) *Diagnoses Plantarum Novarum vel Minus Cognitarum Mexicanarum et Centrali-Americanarum*；(3) *Transactions of the Linnean Society of London*；(4) *Biologia Centrali-Americana*。

命名中国物种202种，如满山红 *Rhododendron mariesii*、辽宁堇菜 *Viola rossii*。

赫姆斯利与塞莱斯廷·阿尔弗雷德·科尼奥克斯（Célestin Alfred Cogniaux）、弗朗西斯·布莱克威尔·福布斯（Francis Blackwell Forbes）在 *Journal of the Linnean Society* 上设立了属 *Hemsleya*。

● 纪念物种

以 *hemsleyi* 为种加词命名的物种全世界有 45 种。以 *hemsleyana* 为种加词命名的物种也是对其纪念。

● 主要著作

（1）*Biologica Centrali-Americana Botany*；（2）*Botany of the Bermudas and Various Other Islands of the Atlantic and Southern Oceans*（1885）；（3）*Botany of Juan Fernandez, South-eastern Molluccas, and the Admiralty Islands*（1885）。

生平事迹

一〇四、威廉·罗克斯伯勒

威廉·罗克斯伯勒 William Roxburgh（1751年6月29日—1815年4月10日）是英国外科医生、植物学家、气象学家。

● 生平概览

他长期在印度工作，从事物种描述及经济植物学研究，被称为"印度植物学之父"。他出版了许多关于印度植物学的著作，书中有许多由印度艺术家精心绘制的图画，并附有植物物种的分类描述。除了他命名的众多物种外，许多物种都是由他的合作者以他的名字命名的，如罗氏盐肤木 *Rhus chinensis* var. *roxburghiana* 的变种名 "roxburghiana" 及金线兰 *Anoectochilus roxburghii* 的种加词 "roxburghii"。

该植物学家的名字标准缩写为 Roxb.。

● 命名物种

命名世界物种共计3631种。主要发表于以下刊物：（1）*Nomenclator Botanicus*；（2）*A Numerical List of Dried Specimens of Plants in the East India Company's Museum*；（3）*Flora Indica*；（4）*Calcutta Journal of Natural History, and Miscellany of the Arts and Sciences in India*；（5）*Hortus Bengalensis*。

命名中国物种：命名了很多中国物种，如著名的雪松 *Cedrus deodara*、大头茶 *Gordonia axillaris*。

● 纪念物种

以 *roxburghii* 为种加词命名的物种有 301 个。以 *roxburghiana* 为种加词命名的物种有 101 个。以 *roxburghianum* 为种加词命名的物种有 19 个。以 *roxburghianus* 为种加词命名的物种有 18 个。

威廉·罗克斯伯勒（William Roxburgh）在 *Plants of the Coast of Coromandel* 上设立了属 *Roxburghia*。

● 主要著作

（1）*Plants of the Coast of Coromandel*；（2）*Flora Indica*；（3）*Hortus Bengalensis*；（4）*Plants of the Coast of Coromandel*。

生平事迹

一〇五、威廉·威瑟林

威廉·威瑟林 William Withering（1741 年 3 月 17 日—1799 年 10 月 6 日）是英国植物学家、地质学家、化学家、内科医生。

生平概览

威瑟林被称为英国的"林奈"。他曾在爱丁堡大学医学院学习。他从 1779 年开始在伯明翰总医院工作。他注意到一个患有水肿（充血性心力衰竭引起的肿胀）的人经传统的草药疗法后症状有了显著改善。经研究，威瑟林认识到起作用的活性成分来自毛地黄属植物。这种活性成分现在被称为地高辛，以这种植物的学名 Digitalis 命名。1785 年，威瑟林发表了一篇关于毛地黄的报道，其中包括其临床试验报告和其作用与毒性的评述。他是第一位毛地黄生物活性的系统研究者。

该植物学家的名字标准缩写为 With.。

命名物种

命名世界物种 52 种。主要发表于以下刊物：（1）*An Arrangement of British Plants*；（2）*Botanical Arrangement of British Plants*；（3）*Prodromus Systematis Naturalis Regni Vegetabilis*；（4）*Systematic Arrangement of British Plants*。

命名中国物种：假弯曲碎米荠 *Cardamine flexuosa* var. *fallax*、卵叶弯曲碎米荠 *Cardamine flexuosa* var. *ovatifolia*、田野黑麦草 *Lolium arvense*、膜果泽泻 *Alisma lanceolatum*、弯曲碎米荠 *Cardamine flexuosa*、柔弯曲碎米荠 *Cardamine flexuosa* var. *debilis*。

纪念物种

Carex witheringii、*Galium witheringii* 是对他的纪念。

查尔斯·路易·莱里捷·布鲁泰勒（Charles Louis L'Héritier de Brutelle）在 *Sertum Anglicum* 上设立了属 *Witheringia* 以表示纪念。

主要著作

（1）*A Botanical Arrangement of All the Vegetables Naturally Growing in Great Britain*（1776）；（2）*An Account of the Foxglove and Some of Its Medical Uses*（1785）；（3）*A Botanical Arrangement of British Plants*（1787）；（4）*A New Method for Preserving Fungi, Ascertained by Chymical Experiments*（1794）；（5）*An Arrangement of British Plants*。

提要：他发现了毛地黄及其在医学上的应用。他开展了真菌鉴定工作。他也是著名的化学家与地质学家，发现了碳酸钡。

生平事迹

参考文献

[1]戴维·弗格森.罗伯特.福琼:植物猎人[M].合肥:安徽大学出版社,2017.

[2]丹尼尔·斯通.食物探险者:跑遍全球的植物学家如何改变美国人的饮食[M].张建国,译.桂林:广西师范大学出版社,2020.

[3]E.H.威尔逊.中国:园林之母[M].胡启明,译.广州:广东科技出版社,2015.

[4]弗洛朗斯·蒂娜尔,雅尼克·富里耶.探险家的传奇植物标本簿[M].魏舒,译.北京:北京联合出版公司,2017.

[5]杰夫·霍奇.英国皇家园艺学会植物学指南[M].何毅,译.重庆:重庆大学出版社,2016.

[6]卡罗琳·弗里.植物大发现:植物猎人的传奇故事[M].张全星,译.北京:人民邮电出版社有限公司,2015.

[7]李猛.私人科学与帝国野心:1834—1838年赫歇尔在好望角的博物学实作[J].自然辩证法通讯,2019(11):12-15.

[8]刘巍.邱园:大英帝国"光荣之路"上的植物采集者[J].自然科学博物馆研究,2019(3):86-90.

[9]龙梆企.植物学家福里斯特的云南故事[J].今日民族.2019(7):51-55.

[10]隆达·施宾格.植物与帝国:大西洋世界的殖民地生物勘探[M].姜虹,译.北京:中国工人出版社,2020.

[11]卢梭.植物学通信[M].熊姣,译.2版.北京:北京大学出版社,2013.

[12]罗伯特·福琼.两访中国茶乡[M].敖雪岗,译.南京:江苏人民出版社,2016.

[13]马金双.当代世界著名植物分类学家——克朗奎斯特简介[J].生物学通报,1994(1):42.

[14]马金双.东亚高等植物分类学文献概览[M].北京:高等教育出版社,2011.

[15]欧文·斯通.达尔文传:上[M].叶笃庄,孙强,冷杉,译.北京:北京十月文艺出版社,1999.

[16]帕特里夏·法拉.性、植物学与帝国:林奈与班克斯[M].李猛,译.北京:商务印书馆,2017.

[17]萨拉·罗斯.茶叶大盗:改变世界史的中国茶[M].孟驰,译.北京:社会科学文献出版社,2015.

[18]斯蒂芬妮·萨顿.苦行孤旅:约瑟夫·F·洛克传[M].李若虹,译.上海:上海辞书出版社出版,2013.

[19]托比·马斯格雷夫,克里斯·加德纳,威尔·马斯格雷夫.植物猎人[M].杨春丽,译.太原:希望出版社,2005.

[20]维尔弗里德·布兰特.林奈传[M].徐保军,译.北京:商务印书馆,2017.

[21]叶至善,叶三午,叶小沫.梦魇[M].2版.北京:中国青年出版社,1990.

[22]约瑟夫·胡克.手绘喜马拉雅植物[M].沃尔特·菲奇,绘.董孝华,译.北京:北京大学出版社,2016.

[23]钟扬.深深的遗憾——惊闻克朗奎斯特先生逝世[J].武汉植物学研究,1992(2):162,175.

[24]朱昱海.法国来华博物学家谭卫道[J].自然辩证法通讯,2014(4):102-110,128.

附录1：植物分类学文献参考网站

(1) International Plant Name Index(IPNI)：https://www.ipni.org/。

(2) Missouri Botanical Garden：http://www.botanicus.org。

(3) Biodiversity Heritage Library(BHL)：https://www.biodiversitylibrary.org/。

(4) Harvard University Herbaria & Libraries(哈佛大学植物学数据库)：https://huh.harvard.edu/。

(5) Biblioteca Digital：https://bibdigital.rjb.csic.es/。

(6) Dave's garden：https://davesgarden.com/guides/botanary/search.php。

(7) The Plant List(APG系统)：http://www.theplantlist.org/tpl/search?q=。

(8) CFH-Search(中国自然标本馆)：http://www.cfh.ac.cn/Spdb/spsearch.aspx?AspxAutoDetectCookieSupport=1。

(9) Tropicos(TRO)：http://legacy.tropicos.org/NameSearch.aspx。

(10) 被子植物发育成果介绍：http://www.mobot.org/MOBOT/research/APweb/。

(11) 植物资源下载：http://blog.sina.com.cn/s/blog_86a5ebee010171m9.html。

(12) 中国数字标本馆：https://www.cvh.ac.cn/。

(13) 国家标本平台：http://www.nsii.org.cn/2017/home.php。

(14) Tropicos(密苏里植物园数据库)：https://www.tropicos.org/home。

(15) Index Nominum Superagenericorum Plantarum Vascularium：http://www.plantsystematics.org/。

(16) Linnaean Database：https://www.nhm.ac.uk/our-science/data/linnaean-typification/databasehome.html。

(17) Taxonomic Literature 2：https://www.sil.si.edu/DigitalCollections/tl-2/。

(18) JSTOR：https://www.jstor.org/。

(19) *Flora of China*网站：http://flora.huh.harvard.edu/china/。

(20) The Carnot Diet - A Sustainable Weight Loss Plan(美国农业部植物数据库)：

http://www.carnotdiet.com/index.php。

(21) Botanical Society of America(美国植物学会):https://bsapubs.onlinelibrary.wiley.com/。

(22) American Society of Plant Taxonomists(美国植物分类学家协会):https://www.aspt.net/。

(23) American Public Garden Association(美国植物园网站):www.publicgardens.org。

(24) Botanic Gardens Conservation International(国际植物园保护):https://www.bgci.org/。

(25) International Association for Plant Taxonomy(国际植物分类学会,IAPT):https://www.iaptglobal.org/。

(26) Flora of North America(北美植物志):http://floranorthamerica.org/Main_Page。

(27) 中国植物志:http://www.iplant.cn/frps2019/。

(28) DOI:https://dx.doi.org/。

(29) U.S. National Plant Germplasm System:https://npgsweb.ars-grin.gov/gringlobal/taxon/taxonomysearch。

(30) Clematis on the Web(http://www.clematisontheweb.org/。

(31) Nursery People(美国苗圃人网站):https://nurserypeople.com/。

(32) British Plant Nursery Guide(英国植物苗圃指南):http://britishplantnurseryguide.co.uk/。

(33) The Growing World of Dahlias(英国成长的大丽花世界):http://www.dahliaworld.co.uk/。

(34) DAHLIAaddict(美国大丽花瘾君子数据库):http://www.dahliaaddict.com/。

(35) FuchsiaFinder(倒挂金钟品种数据库):https://fuchsiafinder.com/。

(36) PlantsGalore:http://www.plantsgalore.com/。

(37) 荷兰Plantago植物和苗圃数据库:https://www.plantago.nl/。

(38) 比利时PLANTCOL植物数据库:http://www.plantcol.be/。

(39) Bomenbieb(荷兰树木数据库):https://www.bomenbieb.nl/ Bomenbieb.nl。

(40) 美国农业部PLANTS植物数据库:https://plants.sc.egov.usda.gov/。

(41) Internet Orchid Species Photo Encyclopedia(兰花品种图片网络百科全书):http://www.orchidspecies.com/。

(42) OrchidWiz兰花数据库软件:https://www.orchidwiz.com/ OrchidWiz。

(43) Chinese Virtual Herbarium(中国数字植物标本馆国家植物标本资源库):http:

//www.cvh.ac.cn。

（44）Acta Plantarum（意大利地区的植物群）：https://www.actaplantarum.org/ Acta Plantarum。

（45）BioLib 国际生物图书馆：https://www.biolib.cz BioLib。

（46）Rock Garden Plants Database（岩石花园植物数据库）：http://flora.kadel.cz/。

（47）PlantFacts（俄亥俄州立大学植物和园艺搜索引擎）：https://plantfacts.osu.edu/ PlantFacts。

（48）Flora Ontario Integrated Botanical Information System（加拿大安大略综合植物信息系统，FOIBIS）：http://www.uoguelph.ca/foibis/FOIBIS。

（49）美国明尼苏达大学植物信息在线：https://plantinfo.umn.edu。

（50）ChileBosque（智利的植物）：http://www.chilebosque.cl/ ChileBosque。

（51）Flora of New Zealand Volumes（新西兰植物区系）：https://floraseries.landcareresearch.co.nz。

（52）Calflora（美国加州野生植物数据库）：https://www.calflora.org Calflora。

（53）Oregon State University College of Agricultural Sciences Department of Horticulture Landscape Plants（俄勒冈州立大学农业科学学院园艺系景观植物数据库）：https://landscapeplants.oregonstate.edu/。

（54）The Cycad Pages（苏铁的网页）：http://plantnet.rbgsyd.nsw.gov.au/PlantNet/cycad/。

（55）Botanicus Digital Library（密苏里植物园植物学数字图书馆）：http://www.botanicus.org/ Botanicus。

（56）The Plant List：http://www.theplantlist.org/。

（57）德国植物图片网站：http://www.plant-pictures.com/。

（58）Fairchild Virtual Herbarium Web Portal：http://www.virtualherbarium.org。

（59）香港植物标本室：http://www.hkherbarium.net/Herbarium/。

（60）纽约植物园：http://www.nybg.org。

（61）加州大学植物园：http://www.mip.berkeley.edu/garden。

（62）奈良多肉植物研究会：http://www3.kcn.ne.jp/~sakainss/index.html。

（63）Pacific Bulb Society：https://www.pacificbulbsociety.org/。

（64）Asianflora：http://www.asianflora.com/index5.htm。

（65）Simones Hoyas：https://www.simones-hoyas.de/。

（66）The Botanical Society of America：https://www.botany.org/。

（67）OXFORD：https://www.sinauer.com/#opennewwindow。

（68）ASPB：http://www.plantcell.org/content/teaching-tools-plant-biology#opennewwindow。

（69）Royal Botanic Garden Edinburgh：https://www.rbge.org.uk/home#opennewwindow。

（70）Royal Botanic Gardens KEW：https://www.kew.org/#opennewwindow。

（71）民族植物学：http://www.ethnobotany.cn/。

（72）大英百科全书在线：https://www.britannica.com/。

（73雅虎知识堂：https://help.yahoo.com/kb/SLN35642.html。

（74）eHOW：https://www.ehow.com/。

（75）植物通：http://1.zhiwutong.com/。

（76）中国植物学会：http://www.botany.org.cn/。

（77）花卉图片网：http://www.fpcn.net/index.html#opennewwindow。

（78）中国植物图像数据库：http://ppbc.iplant.cn/。

（79）植物之家：https://www.zw3e.com/。

（80）中国植物物种信息数据库：http://db.kib.ac.cn/。

（81）中国科学院植物研究所：http://www.ib.cas.cn/。

（82）中国植物科学网：http://www.chinaplant.org/。

（83）依稀植物网：http://www.tvix.cn/。

（84）花草树木网：https://huacaoshumu.net/。

（85）食虫植物网：http://www.chinese-cp.com/。

（86）台湾物种名录：(http://taibnet.sinica.edu.tw/chi/taibnet_species_detail.php?name_code=204998。

（87）GCCC苦苣苔科图片网站：http://gccc.gxib.cn/。

（88）台湾植物咨询整合查询系统：https://tai2.ntu.edu.tw/index.php。

（89）中国植物主题数据库：http://www.plant.nsdc.cn/。

（90）Species 2000：https://sp2000.org/。

（91）ITIS, the Integrated Taxonomic Information System：https://www.itis.gov/。

（92）Free and open access to biodiversity data：https://www.gbif.org/。

（93）Alliance for Biodiversity knowledge：https://www.allianceforbio.org/。

（94）Global taxonomists：https://www.catalogueoflife.org/。

（95）Kew Herbarium Catalogue：http://apps.kew.org/herbcat/navigator.do?_ga=1.251519430.1326755599.1482277282。

（96）The Linnean Collections：http://linnean-online.org/view/type/specimen/index.A.html。

（97）The Illinois Natural History Survey：https://www.inhs.illinois.edu/collections/。

（98）台湾本土植物资料库：http://hast.sinica.edu.tw/。

（99）东京大学综合研究博物馆：http://umdb.um.u-tokyo.ac.jp/DShokubu/TShokubu.htm。

（100）美洲植物志：http://legacy.tropicos.org/RankBrowser.aspx?letter=1&ranklevel=family&projectid=3&langid=66。

（101）欧洲植物志数据库：http://ww2.bgbm.org/EuroPlusMed/query.asp。

（102）世界豆科植物数据库：http://www.ildis.org/AliceWeb/6.00/。

附录2：世界著名植物园简介

一、英国皇家植物园（邱园）

英国皇家植物园（The Royal Botanic Gardens at Kew）始建于1759年，通常被简称为邱园（Kew Gardens）。它包括建于18世纪的位于伦敦西南部的邱园（Kew）和1965年扩建的位于萨塞克斯的韦园（Wakehurst）两大部分，共占地360公顷（1公顷=0.01平方千米）。邱园收录约5万种植物，占全世界已知植物种类的1/8，拥有几个世纪以来英国收集的世界各地的珍稀植物，其中包括超过1.4万棵树。在邱园内，有数十座造型各异的大型温室，还有26个专业花园。园内有与植物学科密切相关的建筑，如标本馆，经济植物博物馆，进行生理、生化、形态研究的实验室。邱园还有40座有历史价值的古建筑物。邱园的使命是："努力成为全球植物和真菌知识的宝库和争做世界最棒的植物园。"

二、巴黎植物园

巴黎植物园的前身是17世纪初路易十三的皇家草药园。到路易十四时代，它扩大为皇家植物园，种植了来自世界各地的奇花异草，当时叫作巴黎皇家植物园。18世纪上半叶，布丰担任了巴黎皇家植物园园长。布丰把他在巴黎皇家植物园的研究成果汇集为《自然史》。法国大革命后，巴黎皇家植物园在1790—1793年被关闭。拉马克上书建议对植物园进行改革，国民议会采纳了他的建议。1794年，巴黎皇家植物园重新开放，并改名为巴黎植物园，拉马克被任命主持植物园的无脊椎动物学的研究工作。乔治·居维叶于1795年开始主持植物园的比较解剖学的研究工作。

三、柏林植物园

柏林植物园又称柏林大莱植物园，是柏林最早的植物园。柏林植物园位于柏林施泰格利茨区，是世界上收藏品种最丰富的植物园之一，园中共生长 22000 余种植物。在该植物园中建有植物博物馆、大型植物标本和化石展厅、科学图书馆和众多新艺术风格的玻璃温室，培育着兰花、棕榈、蕨类植物、仙人掌等外来植物。该园最大的特色是按照植物地理学的方法以植物的来源和生长的环境对空间组织进行分类。该植物地理学区域由恩格勒指导设计，位于全园中部，占地面积达到全园的 1/3，涵盖了约 6400 个不同的植物品种。该区按照世界植物的地理区划规划设计，分区栽种了代表欧洲、亚洲、大洋洲、南美洲、北美洲和非洲六大洲的植物。每个洲的区划内根据不同的国家和地区分为 32 个分区，各分区之间由蜿蜒的园路分隔，每个分区中栽种该国家和地区具有代表性的植物，形成若干个主题园。

四、哈佛大学阿诺德树木园

哈佛大学阿诺德树木园为美国哈佛大学下属的植物学综合研究机构，以引种栽培乔、灌木植物著称。它是美国国家历史地标，被誉为"波士顿的翡翠项链"。它建于 1872 年，首任园长为萨金特。它设有树木园 107.2 公顷，栽培乔、灌木植物 6200 余种，繁殖温室 700 多平方米，试验苗圃 60.3 公顷；馆藏腊叶标本 130 余万份，其中野生植物标本约 113 万份，栽培乔、灌木植物标本约 17 万份；设有植物分类、植物化学和遗传育种等实验室；主办《阿诺德树木园植物学报》《阿诺德树木园》等杂志。该园引种栽培乔、灌木植物的种类居世界植物园之首；在引种和研究亚洲东北部的植物，特别是中国的植物方面享有盛名。

五、圣彼得堡植物园

圣彼得堡植物园隶属俄罗斯科学院马洛夫植物研究所，是世界上最宏伟的科研型植物园之一。圣彼得堡植物园起初是皇家的草药种植园，和欧洲大部分古老的植物园一样，最初旨在培育药用植物，以满足圣彼得堡建筑工人和军人的需求。同时，按照彼得大帝的指示，园艺师们也承担着搜集珍稀海外植物的任务。初期培育药用植物时，他们的主要精力都集中在收集草本植物上，但是根据资料显示，1736 年，这里的木本植物有近 45 种。此后的 200 余年，该园进行了上千种世界各地的木本植物培育实验。园中木本植物的数量在不同时期有650种到1000种不等,种类和形态也各具特色。1823年,又兴建了皇家植物园及3个大型温室。温室占地1公顷,总长达1000米,收集的品种多达17000种,可与邱园的温室相媲美,从低等的苔藓、地衣到有花植物,涵盖热带、亚热带、温带植物。该园与世界上500多个植物园、研究所有着合作交流,在世界植物种子交换与保护方面做出了突出的贡献。

六、悉尼皇家植物园

悉尼皇家植物园,原是澳大利亚的第一个农场,紧邻悉尼歌剧院和中心商务区,于1816年建立。由于当地适宜的气候条件非常有利于植物收集,故园内展示了热带和亚热带植物7000多种,其中不少是殖民地时期从国外引进的(如柑橘),有些是从国内其他地方和太平洋地区考察引进的,有的甚至是农场时期通过种子交换而来。园中主要建筑有宫廷花园、棕榈园、蕨类植物区、第一农场、低地园、展览温室、南威尔士国家标本馆等。

七、开普敦国家植物园

开普敦国家植物园以其优美的景色和种类繁多的植物而闻名于世。开普敦国家植物园是第一个被列入《世界遗产名录》的植物园。它建于1913年。它最早是开普敦殖民者、英裔南非商人塞西尔·约翰·罗德斯的私人财产。1902年,罗德斯因病去世,依照他的遗嘱,植物园成为国家公园。开普敦国家植物园总面积约528公顷,其中36公顷为人工植物园林,其余为自然保护区。园内95%以上的植物都是本地的野生品种,种类达4500种,其中许多植物还是珍稀濒危物种。该园还根据植物的不同特点和习性建造了数个主题花园,如"芦荟园""铁树园""非洲雏菊花园""南非国花园"等。南非第一任总统曼德拉曾评价开普敦国家植物园是"南非人民献给地球的礼物"。

八、密苏里植物园

密苏里植物园位于美国圣路易斯市,是美国最古老的植物园之一,也被称为萧园。它曾是该市商人亨利·肖的私家花园,1859年,在著名的植物学家胡克等的建议和指导下,最终被建设成一个融教育、科研和园艺展示为一体的植物园。其因重要的历史价值,1976年被评为美国国家历史遗产。植物园占地79公顷,划分为数个独立主题区。2个玫瑰园有6000多种玫瑰,还有中国园、日本园、芬芳花园、摩尔花园等。植物园中还有一座有趣的半球形温室花房,4000多种热带树木陈列其中。

九、爱丁堡皇家植物园

爱丁堡皇家植物园始建于1670年,位于苏格兰地区,由坐落于爱丁堡市北部的主园茵孚莱斯园以及另外3个园——达威克园、班莫园、洛甘园组成。由于地形、土壤、气候有差异,4个园各具特色。主园面积32公顷,全园栽培40000种以上植物,是世界上高等植物物种数排名第五的植物园。爱丁堡皇家植物园在杜鹃花属与欧石楠属植物研究上处于世界领先地位。20世纪初,植物学家乔治·福里斯特在中国西南地区收集了30000多份植物标本,并采集引种了200多种杜鹃花属种苗,从而使爱丁堡皇家植物园成为杜鹃花研究的中心。